カント先生の散歩

池内 紀

潮文庫

はじめに

たいてい、名前だけなら知っている。哲学者カントである。いつ、どこで名前を知ったのかは覚えていない。教科書に出てきたのか、雑誌の付録についていた「もの知り博士」によってだったか、それともテレビのクイズ番組で司会者が語っていたのか。

いずれにせよ名前だけであって、それ以上は知らないし、知りたいとも思わなかった。同じ哲学にも「暮らしの哲学」とか「人生哲学」といった言い方があって、その場合は生活の心得とか、処世《しょせい》の考え方をやや重々しく言ったまでだが、そういったある程度したしめる哲学がある一方で、まさしく哲学者の哲学、それも難しいので知られた哲学がある。ハイデッガーとかヴィトゲンシュタインとか、とくにドイツ系は難解で有名だ。その元祖にあたるのがカントらしいのだ。『純粋理性批判』『実践理性批判』『判断力批判』の三部作が代表作とされ、すべて「批判」がタイトルにあるように、理性の批判力と認識力をめぐっている――。

現在はそうではないが、第二次世界大戦以前、また戦後もしばらくの間、カントは別格の哲学者だった。一高や三高といった旧制高校に入ると、エリート青年はさっそくカントの『純粋理性批判』を手に入れ、あこがれの目でページをくった。天野貞祐《ていゆう》訳が岩波文庫に入っていて、さしあたりは訳書によった。ドイツ語を習いはじめるやいなや丸善へ出かけ、レクラム文庫版を抱いて帰った。

『カント全集』や思想叢書《そうしょ》の「カント」の巻の月報には、若き日のカント体験を語った一文が入っているものだ。そんな一つである小栗浩・東北大学名誉教授の「カント――ささやかな読書の思い出」によると、旧制高校のとき、いま何を読んでいるかと教師に問われ、仲間の一人は浩然《こうぜん》と「タンナル理性ノゲンカイナイニオケル宗教を読んでいます」と答えたという。『純粋理性批判』冒頭ちかくの一行であって、その青年はさながら宗教書のように、うやうやしく難解な訳文をたどっていたらしい。

「カントの認識論は、ぜひとも理解しておかなければならないものであったが……」

小栗青年は、訳書がとうてい「手におえる代物《しろもの》」ではないと見きわめをつけると、解説書を読むだけにとどめた。それでも気になったので、大学に進んでからレクラム版を横におき、天野訳のわかりにくいところは原文にあたりながら最後まで読み通した。以後、「自分の視野から遠のいてしまった」とあるから、まがりなりにも「純粋理性」を読み終えて、青年期の精神的羨望《せんぼう》を卒業した気持ちがしたのだろう。かつての知的エリートたちのカント体験のうちで、もっとも賢明なケースではあるまいか。たいていは訳書の十ページ、原文の二ページあたりで「理性ノゲンカイ」を身にしみて知り、その先は放棄した。戦後のあるころまで古本屋の棚には、はじめの数ページだけやたらに線が引かれ、あとは白いままのカント本が少なからず並んでいた。

さいわいにも、そういったカントとのかかわりは二度と起こらないだろう。かつての旧制高校のような、少なからずいびつな密室だけでありえた喜劇である。いまや日々、とめどなく膨大な情報が押し寄せてきて、パソコンのキー一つで山のような知識が手に入る。そろそろカントを難解の垣根から解放して、新しい哲学の道に導いてもいいのではあるまいか。

まず簡単に私のカント先生を紹介しておく。


一七二四年四月二十二日、革具職人の息子として、東プロシア（プロイセン）の首都ケーニヒスベルク（現ロシア領カリーニングラード）に生まれる。

一七四七年（二十三歳）ケーニヒスベルク大学卒業。

一七七〇年（四十六歳）ケーニヒスベルク大学哲学教授となる。

一七八一年（五十七歳）『純粋理性批判』を出版。その後、八八年に『実践理性批判』、九〇年に『判断力批判』を刊行。

一七九五年（七十一歳）『永遠平和のために』を出版。

一八〇四年二月十二日、七十九歳で死去。


少し簡単にしすぎただろうか。しかし、ほかに何を加えればいいのだろう。結婚せず、家庭をもたず、おのずと子供もいなかった。十三歳のときに母を、二十二のときに父を喪《うしな》っているが、早くから修道院付属の寄宿舎つき学院にいたせいか、父母の死はさほど身近な出来事ではなかったようだ。

カントの壮年のころ

大学を出てから母校の教授に迎えられるまでに二十三年かかっている。昔も今も大学にはよくあること。迎えられるためには業績をあげておかなくてはならず、三十代から四十はじめに論文をたくさん書いている。「地球は老化するか、物理学的考察」「火について」「地震論」「神の存在の唯一可能な証明根拠」「視霊者《しれいしゃ》の夢」……。

それなりにおもしろそうで、読んでみたくなるのは、タイトルが現在の新書に見るのと似ているせいだろう。ほんの一語とりかえれば、サイエンスシリーズの一つになる。こういった論文と、あの有名な批判哲学とは、いったいどんな関係にあるのだろう？

教授になるまでは、どうしていたか。家庭教師、図書館司書、私講師《しこうし》などで、かつかつにしのいでいた。これも大学人によくあることで、現在もまったくかわっていない。「私講師」は非常勤講師にあたり、学期ごとに契約して教える。受講者の受講料を毎回、当の講師が集め、それが俸給《ほうきゅう》にあたる。受講生の数が収入に結びつくわけで、講義プログラムにはなるたけおもしろそうなタイトルをかかげた。教授以前の論文も、その影響で「新書」風になったものと思われる。

いまも述べたとおり、生涯独身だった。旅行や遠出もほとんどしなかった。大学の教員で、哲学専攻といった人には、何が楽しみで生きているのかわからないようなタイプがいるものだが、わがカント先生は、さらに単純と純粋をきわめた人物だった。有名なエピソードだが、散歩のコースと時間も決まっていて、毎日定刻に同じところを通っていくので、町の人はその姿を見かけると、時計の針を直したという。

この本は、そんなカント先生をめぐっている。はたして大学人におなじみの退屈な朴念仁《ぼくねんじん》であったのか？　とんでもない。これほど好奇心また想像力に富んだ人も珍しい。しかも想像したところを、まざまざと語ることができた。批判の鋭さ、時代を見る目のたしかさ、人間的魅力——ほんのちょっぴり散歩につき合うだけで、その人の身におびていたゆたかさがわかるというものだ。ついでながら言いそえておくと、時間を超えた世界で自在に遊ぶには、毎日を時計の針の正確さで過ごすのが一番である。

カント先生の散歩　目次

装画・本文挿画　池内 紀
装幀　鈴木正道(Suzuki Desigh)
図版写真提供　アマナイメージズ

カント先生の散歩

バルト海の真珠

哲学者カントは一七二四年四月、東プロシアの首都ケーニヒスベルクに生まれた。その町で育ち、そこで学び、のちにその町で教え、生涯にわたりケーニヒスベルクからはめったに出ず、東プロシアからは一歩も外に出なかった。

いま世界地図をひらいても「東プロシア」という国はなく、「ケーニヒスベルク」という町はない。あとかたもなく消え失せた。現在の地図にはロシアの一州カリーニングラードと、同名の州都があるばかりだ。しかも飛び地というヘンなかたちで、本国ロシアとのあいだには、リトアニアやベラルーシといった国がはさまっ

ている。西はポーランドで、陸の孤島といったぐあいだ。グロテスクなまでに大きく変化したので、かつて首都ケーニヒスベルクをいただく東プロシアという国があったなどとは夢にも思えない。お伽噺《とぎばなし》のような気さえする。しかし第二次世界大戦の終わりまで、たしかに東プロシアは実在したし、ケーニヒスベルクという美しい町があった。哲学者カントはそこに生まれ、その町を愛し、そこに終生、住みつづけた。歴史の長さでくらべると、もっとはっきりするだろう。

ケーニヒスベルク　　約七百年
カリーニングラード　約七十年

十字軍遠征から帰還したドイツ騎士団が広大な内海と川をもつ土地に目をつけ、要塞《ようさい》をつくったのが始まりだった。プロシアは北方の新興国であって、南にはザクセン、さらに南にバイエルンの両大国が控えている。これと対抗するためには、ドイツ人にとって唯一の海であるバルト海をおさえ、東へひろがるのが早道だった。

入植者をつのり、つぎつぎに送りこむ。要塞が王城に改められ、プロシア王家の二男や三男坊がやってきた。東方拡張政策、また位置からも、当然のように「東プロシア」と命名。北方の強国スウェーデンは目と鼻のところにあり、首都ケーニヒスベルクが軍事、通商の要になった。

西から順にいうと、リューベック、ダンツィヒ（現ポーランド・グダニスク）、そしてケーニヒスベルク。いずれも古くからバルト海沿いのドイツ人の都市であって、ハンザ同盟に加わり、商都として大いに栄えた。中世から近世にかけてのことである。

「ハンザ」はゴート語で「軍団」を意味している。戦いのときに盟約を誓った戦士たちの集団をいう言葉が、商人の世界に転用された。はじめは小規模なものだった。フランドルの商人グループ、ベルギーの貿易商仲間、ドイツのバルト海沿いの町衆の代表などが、たがいに情報を交換したり、資金を融通したり、権力者に抗議したりした。法律がまだ確立していなかったころであり、国王や大貴族は我がままだ。勝手に関税をもうけたり、代金を支払わなかったり、平然と約束をホゴにする。商人ひとりではどうにもならないが、集団であたると国王といえども無視できない。

ときには取引をボイコットされて、自分から折れて出た。

ハンザ同盟が強力なまとまりをもったのは、リューベックを盟主とするドイツ・ハンザが生まれてからである。北海、バルト海を中心に、川や街道を通して内陸の商都もとりこみ、大きな交易のネットワークをつくりあげた。最盛期には百六十もの都市が加わっていた。現在、「世界遺産」に登録されている都市の多くがこの辺りに集中しているのは、通商からあがる豊かな富を町づくりにそそいだからで、ノルウェーの港町ベルゲンは「北海の華」とうたわれた。リューベックは「ハンザ都市の女王」だった。そしてケーニヒスベルクは「バルト海の真珠」といわれた。長い歴史にいろどられた都市であって、多くの銅版画や写真が残されている。カントの生きていたころのケーニヒスベルクを復元するのは、さして難しくない。

世界地図で「バルト三国」などのページをひらくと、リトアニアのすぐ下を囲って「ロシア連邦」とあるだろう。ややいびつな四角形をしているが、左の一辺が奇妙である。中央部が頭のように突き出ていて、その上下に帯状のものがのび、内側にクラゲに似たものをかかえている。バルト海がつくり出した独特の地形であって、強い風と荒い波が一方の陸地を削り取り、砂と石を運んで、べつのところに土地をつくってきた。クラゲに似たのは地学で「潟《かた》」とよばれ、外海とは洲《す》などで切り離されてできた海である。地図をよく見ると洲の一部が切れていて、そこが海水、また船の出入口であることがわかる。

ケーニヒスベルクはフリッシュ潟が鋭い尖《とが》りをもって切れこんだ奥にあり、三角状の湾にプレーゲル川が注いでいる。潟のせいで河港は冬も凍りつかず、天然の良港というものである。

当時、ケーニヒスベルクは大きく分けて三つのエリアから成り立っていた。河港部は船乗りたちの地域であって、船員クラブ、船会社や保険会社の事務所や倉庫、海の聖人を祀《まつ》る教会、船乗りたちのための娯楽施設がつづいている。河港から町へ入る橋詰めに取引所があって、洒落《しゃれ》た水色の壁が水都の入口を示していた。

大聖堂をとり巻く一帯がハンザ商人たちの町だった。市庁舎、商工会館、誇らかな紋章をつけた豪商の館が軒をつらね、いつのころからかその近辺は、「酒盛り唄地区」といった意味の景気のいい別名でよばれていた。また運河をはさみシナゴーグ（ユダヤ教会堂）と墓地があった。

王宮を中心とする辺りは貴族と廷臣、その使用人たちの町だった。王宮の北側に大学と図書館があって、教師や学生が多く住んでいた。その外まわりに職人の仕事場や小商いの者たちの住居、さらに兵営があった。内海を見はるかす郊外に貴族や豪商たちの別荘や修道院が点在していた。

カントの父親は馬の鞍《くら》をつくる職人だった。船乗りたちの必需品である革のトランクもつくった。職人の子はふつう父の職を継いだものだが、勉強好きの少年に目をかける人がいて、イマヌエル・カントは高校、大学とすすみ、はじめは宮廷図書館に勤め、四十代で母校ケーニヒスベルク大学に招かれて哲学部の教授になった。

職人の息子はケーニヒスベルクの職人町に生まれ、のちに王城に近い大学町に移ったわけだ。大商人のなかにこの哲学者を支援する人がいて、郊外に夏の休暇用の小さな家をつくってくれた。

古い地図を見るとひと目でわかるが、巧みに川をとりこんで町づくりをした。いくつもの運河をはさんで整然と碁盤目の通りが走っていた。王宮庭園に隣り合って広大な人工の湖があった。湖畔にはオペラ座、美術館、植物園、いくつもの教会……。

絵入りの「ケーニヒスベルク案内」は大聖堂前の広場から北の方角をながめるよ

うにすすめている。小さな森をはさみ雄大な王宮の建物が望める。高く突き出た八角形の塔を、「ミナレット」とよばれる四つの小さな尖塔《せんとう》がとり巻いていて、王宮で祝い事のある日や聖人の祝日には、そこに色のちがう旗が掲げられた。右手には壮麗な王宮教会と美術館、それに鏡のような湖水が眺望できるというのである。

当地最大の日刊紙を「ケーニヒスベルク日報」といって、編集局は庭園通りにあった。「本国のケーニヒスベルク人に郵送可」の断りがついているのは、東プロシアを離れてからも郷里の新聞を購読したい人の便宜をはかってのこと。

王宮地下の酒場「ブルーツゲリヒト（流血裁判所）」は東プロシアのみならずドイツ本国でもよく知られていた。へんてこな名前は、中世のころそこに裁判所と拷問《ごうもん》部屋が置かれていたことに由来する。そののち酒樽の貯蔵庫になり、一七三八年に酒場が開業した。重厚なテーブルと椅子、かつての拷問具が飾りになっていて、オツな気分をかもし出している。カントも同僚たちと、しばしばここにやってきた。この哲学者には謹厳実直を絵にかいたようなカタブツのイメージがあるが、実際は軽口と冗談が大好きで、よく笑う人だった。「教授陣宴会の図」と題された風俗画の一つでは、笑いころげて頭にのせたカツラを落っことしそうになり、あわてて手をそえた姿が描きこまれている。

もはや何一つない。

第二次世界大戦末期、一九四四年八月二日、アメリカ・イギリス軍の飛行機が大編隊を組んでやってきて、新型爆弾を含め途方もない量の爆弾を投下した。旧市街の九十八パーセントが炎上、七百年の歴史をもつ「バルト海の真珠」が一夜にして瓦礫《がれき》の山になった。町はつづいてソ連軍による三方からの無差別攻撃にさらされた。

旧都ケーニヒスベルクの戦禍がいかに苛酷なものであったか、一つのデータが示している。一八九六年開設のケーニヒスベルク動物園はベルリン以北で最大の規模を誇っており、二千百種の動物を擁していた。そのうち一九四五年五月のドイツ敗戦の日を生きのびたのは、「ハンス」とよばれたワニほか四匹のみだった。

もう一つあった。大聖堂の背面に石柱に守られたカント廟《びょう》があるが、雨あられの爆撃を受け、市中が壊滅し、大聖堂も塔と大屋根が吹きとんだというのに、すぐわきのカント廟だけは無傷だった。石棺も石柱も、かすり傷一つ受けなかった。

半壊の大聖堂はながらく残骸をさらしていたが、ソ連における「ペレストロイカ」のはじまりとともに修復の声がもち上がった。市当局は渋ったが、ドイツからの——大戦末期にケーニヒスベルクから逃れ出た旧ドイツ市民からの——寄金によって工事がはじまった。塔を含む建物が復元され、八角屋根の下に元どおりの時計が取りつけられた。時計盤の2が、アルファベットのZに似ていて独特で、数字の字体が特有の格調をおび、気のせいかカントの哲学書の章数のように見える。

大聖堂の塔の大時計（著者写す）

教授のポスト

カントの少年期、また勉学時代のことは省くとしよう。学制のちがいや、教務体制がややこしいし、今とはまるでちがっている。そんなことより、話したいことがほかにある。たとえばドイツの大学には定年がないといったことだ。ひとたび教授になれば、健康を損なわないかぎり終生いられる。よくマンガでからかわれるが、そろって補聴器をつけた老人たちが、ものものしく居並んでいる。教授会風景であって、制度上おのずと年寄りがひしめいてくる。さすがにこれでは時代に合わないというので、あれこれ規則が設けられ、現代は一定の年齢をこえると「名誉教授」

にうつる仕組みになっているが、それでも当人が現役を主張すれば教壇に立つことを拒めない。

大学の教職にありつくためには、大学を出てから論文を提出して、まず「マギステル」の学位をとらなくてはならない。ついで就職資格論文を提出。これでやっと「私講師」のできる身分になる。「はじめに」で触れたとおり、私講師職は俸給がなく、受講生から受講料を徴収して、ようやく収入になる。いたって不安定な職種であって、とにかくそれで食いつなぎながら、正規のポストを狙うわけだ。

一七五六年、カント三十二歳のときだが、母校ケーニヒスベルク大学が論理学・形而上学《けいじじょう》講座に新しいポストを設けることになった。そのときカントがプロシア国王宛に書いた自己推薦文が残されているが、自分は哲学を「聖務として選んだ者」であって、しかるべき場をいただければ論理学・形而上学を講じてみたい旨がしるされている。よるべき手づるがないので一足とびに国王にしたのか、あるいは宮廷関係の誰かにすすめられて書いたのか、くわしいことはわからないが、プロシア国王が属国東プロシア在の一私講師の売り込み文を読んだとは思えない。文書係が受けつけ、そのまま文書館にまわしたので残ったまでだろう。おかげでカント先生の「就活」のはじまりが後世につたえられた。

正規のポストを得るには、専門にわたる業績のほかに教歴が問われる。私講師としての講義以外に教会付属のカレッジで宗教の授業を受けもつ。その教歴は同時に宗教心の証しでもあって、プロテスタント王国プロシアには不可欠の条件だった。カントはかつて自分が学んだところで教歴をつみ、チャンスを待った。

二年後、ケーニヒスベルク大学哲学部正教授の一人が死去。ポスト待機組が色めき立った。おりしも七年戦争さなかのことで、ロシアとプロシアが戦っており、ちょうどこのころはロシア軍がケーニヒスベルクを占領していた。主権はベルリンではなくペテルブルクにある。哲学部は六人の応募者を二名にしぼってペテルブルクへ書類を送付した。カントがその一人で、もう一人をヨハーン・ブックといった。

当時の哲学部の学部長はシュルツといった。二人にしぼるにあたりシュルツ学部長が面接をした。専門知識よりも宗教心の確認の意味合いが強かった。

「あなたは心から神を畏れていますか？」

問いに対する答え方を見きわめる。そして最終候補者二名に順位をつけた。ペテルブルク当局は自動的に一位を採用。カントは落ちた。

お定まりの問いには、お定まりの答えがあり、カントに手抜かりがあったとも思えない。教歴の長さの点でカントはライバルよりも劣っていたが、それは通常、さして評価の対象にはならない。面接となると、人間性があらわれる。カントはあきらかに悪い印象を与える人ではなかった。ととのった顔立ち、ふくよかな頬、キラキラ輝く目、澄んだやわらかな声、身についた品位、多くの人が証言しているとおりにちがいない。

とはいえ、見ばえとか貫禄となると、さてどうだったか。身長一メートル五十七センチ、小柄で痩せ型、カントはあきらかに「ひ弱い」タイプの人だった。やや前かがみで、刷り立ての新聞をひろげると、インクの臭いで咳き込んだりする。軍事力で占領中の主権者に人事の結果を報告する際、学部長がひ弱さを避けたとしたら、カントの落選は火を見るよりもあきらかだった。

あるいは、ほかの要因がはたらいたかもしれない。先んじてロシア軍部に手をまわすといったことだが、この点でもカントは「ひ弱い」タイプだった。

落選に発奮したのか、カントの三十代は、学問的業績がドイツの大学人に知られていった時期にあたる。あちこちの教授たちのあいだで、ケーニヒスベルクの私講師が取り沙汰されはじめた。一七六四年、ベルリン大学は詩学教授を求めるにあたり、まず全ドイツに人を探した。候補者のリストのなかに、なぜか畑ちがいのカントが入っていた。正式の選考をはじめるに先立って当事者は当の相手に、候補者としてもよいか、もし選ばれたらポストを受ける用意があるかどうかを打診する。カントは詩学が自分の専門分野ではないとの理由で断りを入れ、「論理学・形而上学」であれば考慮の余地のあることをつけ加えた。

このときカント、四十歳。正規の職探しが切実さを増していたころであって、断りの文にも多少の未練がうかがえる。

翌々年、ケーニヒスベルク宮廷図書館司書の職を得た。少ないながらも俸給があり、私講師の授業と両立できて、図書の管理のかたわら、学問をつづけられる。冬場の図書館の寒さには閉口したが、ほかはほぼ不足のない職場であって、カントは図書館勤めを五年つづけた。

四十五歳のとき、エアランゲン大学より声がかかった。名指しの招請である。論理学・形而上学を含む理論哲学の正教授として迎えたいという。エアランゲンはニュルンベルクの北にあたり、古い城と大学で知られていた。三十年戦争の際、カルヴァン派の新教徒が逃れてきて、小さいながらも商都としての基礎を築いた。町が整然と碁盤目に区切られているのは、十八世紀初頭の大火のあと、新しく町づくりをしたからである。そんな気風が大学にもあって広く人材を求め、東プロシアの図書館司書に白羽の矢を立てたのかもしれない。

カントは申し出を拒まなかった。「大きな名誉」として受けとめ、しばらく考えさせてほしいと猶予を求めた。ひと月ちかく返答をのばしたのは、少なからず気持ちが動いたからだろう。だが一七六九年十二月、最終的に断った。返答を遅らせた上の拒否なので負い目があったせいか、学問的には何の不満もないと述べてから断りの理由を述べた。

1　こちらに多くの知人、友人がいる。

2　生来虚弱で未知の地に自信がない。

受けとったエアランゲン大学は首をひねったかもしれない。偽りではないのだろうが、もしそのとおりなら、生地ケーニヒスベルク以外、どこに赴任することもありえない。そもそも考慮の余地などなかったはずではないか。

一七七〇年一月、イェーナ大学より教授として招聘された。ワイマール大公国の古都イェーナにつくられ、ヨーロッパでも有数の歴史をもつ大学である。ワイマールは少しあと、ゲーテが大公直属の顧問官として勤務したところで、まずは国王直属の若手の行政官として、財務一般の立て直しを図った。

イェーナからの申し出には「俸給二百ターレル」とあった。六十二ターレルの司書よりも百四十ターレル多いが、しかし、当時にあっては直ちにそれが高給だとはかぎらなかった。十八世紀のドイツでは――べつにドイツだけにかぎらなかったが――公務員の俸給は現物支給との二本立てだった。給料のほかに小麦、大麦、燃料などが支給される。穀物類の単位は「マルテル」といって、年ごとに何マルテルかの小麦や大麦がつく。薪の量は「クラフター」という長さの単位で言われた。一クラフターは一・九メートル。冬をしのぐにはどれほどのクラフターが要るのか、誰もがよく知っていた。

イェーナの招聘には俸給はあっても現物支給についてはしるされていなかったが、エアランゲンに伝えた断りの理由からすれば、俸給のいかんにかかわらず、カントが赴任を承諾する余地はなかった。ともあれ、もしカントが受けていれば、ひところ文豪ゲーテと哲学者カントが、同じ一つの大公国で宮仕えをしていたことになる。

二カ月後の三月、ケーニヒスベルク大学数学教授が死去。十代のカントの大学受験の際、数学を受けもっていた人である。そのときも相当の老人だったが、さらに三十年ちかく教授をつとめたことになる。

このたびのカントの反応は早かった。身分は一介の司書とはいえ、その名はすでにヨーロッパの学界に聞こえている。大学幹部にも知己がいる。カントが出した請願によると、停滞した人事の異動が望まれており、数学教授の後任には道徳哲学のかたわら数学を教えている教授を廻すのはどうか。亡き教授は彼の義父にあたるので、衣鉢《いはつ》を継ぐことができる。道徳哲学の後任には論理学・形而上学担当で、数学兼任のブック教授をあてるのはどうか。同教授は「ロシア軍部のひきで教授職を拝命した」と噂される人物であって、当局もその点を勘案《かんあん》されてしかるべしと思われる——。

順ぐりに異動させれば論理学・形而上学教授に空席ができる。なんとも露骨なポスト獲得戦術だが、請願の二週間後、「ケーニヒスベルク大学論理学・形而上学教授」の辞令がイマヌエル・カントに発令された。三十代では苦汁をのまされたが、四十代で見返した。ブック教授の無能、ロシア軍の主権が失せたこと、大学当局に贖罪《しょくざい》の気運のあること、また自分に対する確固とした自信。『判断力批判』が世に出るのは十数年あとのことだが、カントは状況をよく見て、的確な判断を下し、自分の望むものをしっかりと手に入れた。

メディアの中で

少しあともどりして、宮廷図書館司書時代のことを少しくわしく話すとしよう。前任者の年金入りにともなうもので、年収六十二ターレル。宮廷図書館とはいえ、ほぼ大学関係者のみが利用していて、水曜と土曜の一時から四時まで開館。カント自身、その図書館の常連であって、さして利用されていないことをよく知っていた。司書は二人で、人間的な煩《わずら》わしさもない。

さっそく応募したところ、運よく採用ときまった。定収入を確保して、落ち着いて研究に専念できる。そのはずだったが、見込みちがいがなくもなかった。前任の老人がサボっていたものだから、整理すべき本がたまっていて、目録作りに時間をとられた。また図書館は暖房がなく、長い冬は「凍ったインク」と「こわばった指」に悩まされた。利用者はまるでなくても司書は仕事場にいなくてはならず、部屋が暗くて読書も執筆もままならない。

その点はともかく、カントにとって定収の確保はやはりうれしいことだった。それまでは町を貫流するブレーゲル川沿いの住居を借りていて、河港出入りの船や馬車でうるさくてならない。カントの論文の出版を引き受けている出版者カンターに勧められ、社屋を兼ねた建物に引っ越しすることにした。裁判所に隣り合った大きな邸宅で、いくつもの住居をもち、二つのホールをカントやほかの教授たちが講義に使っていた。出版社は書店も営業していて、店の奥まったところは常連客のたまり場で、インテリや書物好きのサロンになっていた。さらにカンターの出版社は「ケーニヒスベルク週報」の発行元でもあった。いわば東プロシア王国最大のメディアセンターである。銅版画に見る建物は古くさいが、その内部では当時の最新情報を扱っていたのである。

哲学者カントというと、世間とは没交流の書斎人を連想するが、少なくとも壮年期のカントはそうではなかった。なにしろメディアセンターに住居をもち、週報編集部を通していち早く、ヨーロッパ各地の社会や思想、文芸にわたるニュースを手にすることができる。カント先生の求めに応じて、しばしば発売前の週報の最新号が届けられたりした。

奥のサロンではパリ、ロンドンの政界や社交界のエピソードが話題になっていた。早耳が名士のゴシップを聞きつけて披露する。カントはカンター社主から一つの特権を許されていた。書店に入荷した新刊本を自室にもっていって開いてもよかった。バルト海の商都ケーニヒスベルクは、ヨーロッパの北辺でもっとも発展していた街であって、歴史と規模、また富の蓄積において、プロシアの新興都市ベルリンを大きく凌駕《りようが》していた。数年後、ベルリン大学教授のポストの申し出を断ったのには、そんな事情もあずかっていた。

カンター邸に引っ越した年にカントは『視霊者の夢』を発表した。まさにメディアセンターにいたから書けた素材であって、現代風にいえば特集「視霊ブームを嘲《わら》う」といったものにあたる。視霊術師としてもてはやされている人気者をとりあげて、その言動をからかった。

エマヌエル・スウェーデンボルィ、ドイツ語読みではスヴェーデンボルクといって、ストックホルムに生まれ、早くから学識に富んだ科学者として知られていた。五十七歳のときロンドンで、「天国と地獄を眼前に見る」神秘的体験をして以来、熱烈な神秘家になり、視霊術を説いてまわった。一七五九年、スウェーデン南西部の町イェーテボリ滞在中に、八百キロ遠方のストックホルムで起きた大火を詳細に記録して「視霊」の才を世に知らしめた――。

カントの『視霊者の夢』が出たのはイェーテボリの奇蹟がヨーロッパ中の話題になっていたころであって、各地でスウェーデンボルィ信者が誕生し、サロンで視霊の会を催していた。テーブルを囲んですわり、ローソクの火のもとに定められた言葉を唱え、そののちに火を消すと霊を視る。死者が甦り、神が現われる。実際、まぢかに霊を視て、卒倒する者が続出した。

スウェーデンボルィの説いたところは神秘主義的な汎神論《はんしんろん》であって、そこから新しいキリスト教の樹立を呼びかけたわけだが、視霊という超能力だけが世にひろまって、「霊魂を視る」ブームになった。

カントは新聞やパンフレットの伝えるイェーテボリの証言を注意深く読み、はるかへだたったところの記録が正確であることを認めた。とすると視覚に例外的な能力があるのか、それとも証言者がまちがっていたのかのどちらかになる。記録の信憑性を疑う余地がないとすれば、記録者自身の証言を待って判断を下すとしよう。

出版社主カンターの手によって、しばしばカントのもとに公刊前の抜き刷りが届けられたというが、スウェーデンボルィがロンドンで刊行した本の場合も、それにちかいほど早々と目にすることができたのだろう。カントはその論に失望し、直ちに批判文にとりかかった。当時の慣例として公刊に先立ち、原稿を検閲局に提出して出版許可を取らなくてはならない。カントの『視霊者の夢』は原稿をとびこして、すでに印刷ずみの刷り物が提出された。出版者カンターの弁明書によると、「著者の筆記が読みづらく、ページごとに印刷して校閲した」せいだという。検閲官は弁明を認めず、著者に十ターレルの罰金を申し渡した。宮廷図書館司書の年収の六分の一ちかくの額である。

これも当時のパンフレットに通例だが、『視霊者の夢』は著者名をのせずに公刊された。記されていなくても、著者が誰であるか読者は知っていた。まわりくどい表現とペダントリー（衒学《げんがく》）で真意はなかなかつかめないが、ジャンルでいえば

「諷刺」であって、スウェーデンボルィの幻視の能力をヒポコンドリー（心気症）になぞらえて皮肉った。二部構成に結語をつけた構成で、タイトルは正確には『形而上学の夢を通して視霊者の夢を解く』。形而上学で視霊術を分析する一方で、視霊術で形而上学を批判するつくりになり、半ばはまじめに、半ばは笑いをこめて超能力者の「夢見る力」を説いていく。

「賢者の功績の一つが、無数の課題の中から人間に解決がゆだねられている至上の課題を選び出すことだとすれば、視霊術師はあきらかに賢者の一人と言えよう」

結語にはヴォルテールの『カンディード』のしめくくり、さんざん無駄ごとに明け暮れたあげく、「自分の畑にもどって、せっせと耕せ」の結論が引いてある。視霊ブームがエセ神秘学の色合いをおびてきたのに対して、冷水をあびせかける役割を意図していたことはあきらかだ。若いころのスウェーデンボルィはカントが多くを学んだ人であって、ロンドンの神秘体験ののち、急激に変化していったのを惜しむ気持ちもあったかもしれない。

諷刺文を書いていたのと同じころ、カントは詳細な授業計画を哲学部に提出している。そのなかに「いかに哲学するかを講義しても、システマティックに真理を教えるものではない」といった言葉が見える。

「哲学においては懐疑こそ最良の思考である」

そのころの学生ノートには、カント先生がひとりごとのように口にした言葉として書きとめてある。

「わたしは哲学を教える者ではないのですよ……それはそもそも不可能です……ただ哲学しているだけのことです」

このような哲学の私講師にとって「神を見た」と声高に語り、「神とともにある」新しい教会の建設を説く人は、扇動者以外の何ものでもなかっただろう。しかもその人物が時代のメディアを通して、新しい救世主のようにもち上げられ、信者の団体までができていく。メディアセンターの特権的居候は、時代の動きをよく見ていた。理知にもとづく啓蒙思想に代わって、彼岸を夢見る神秘思想がひろがっていく。霊魂不滅が大まじめに口にされ、そこでは任意に死者が甦り、大手を振って予言をする。世の流行に対して理性は力をもたないかのようだ。そんな時代思潮のなかで、カントは何よりも疑うことを哲学の基礎にした。

諷刺的小冊子を出した同じ年だが、カントの受講生の一人にマルクス・ヘルツという学生がいた。ベルリンのゲットー（ユダヤ人街）に生まれ、成人してのちケーニヒスベルクへやってきた。ユダヤ人の受講にはさまざまな制約があって、おおかたの教授たちはその煩わしさを嫌って門前払いをくわせたが、カントは受け入れた。後世に伝わっている筆記ノートの多くは、このユダヤ人受講生の手になった。カント私講師は煩わしい手続きの代償に最良の聴き手を見つけていた。

友人の力

カントがジョゼフ・グリーンを知ったのは四十歳ごろといわれている。二人は急速に親しくなり、やがて生涯の知己をむすんだ。

グリーンはイギリスの商人だった。若いころにケーニヒスベルクへやってきて商社を興した。カントが知ったころはすでに異郷で成功した一人であって、グリーン商会は穀物、鰊《にしん》、さらに石炭などを手広く扱っていた。

ハンザ都市ケーニヒスベルクには、この種のタイプが少なからずいただろう。ベルリンから陸路だとけっこう遠いが、バルト海を往き来する船によって、ひろくイ

ギリス、デンマーク、スウェーデンと結ばれている。東プロシアの首都にはドイツ人のほかポーランド人、ロシア人、リトアニア人が数多く住み、そこにユダヤ人、イギリス人、デンマーク人、スウェーデン人らのコロニーがあった。北方の辺境は色こく国際都市の性格をおびていた。

ミスター・グリーンは商人仲間でwhimsical man（変わり者）の陰口をたたかれていた。とりわけ一つの特性できわだっており、「時計の人」とも言われた。時間に厳格で、日常のすべてを時計でもって律していたからである。カントの友人ヒッペルが一七六五年、「時計男」と題した喜劇を書いているが、そのなかで主人公が語っている。

「わたしが朝起きるのは、十分に寝たからではない。時計の針が六時を指しているからである。食卓につくのは空腹だからではなく、十二時の時鐘《じしょう》が鳴ったからだ。床につくのは眠いせいではない。夜の十時だからだ」

多少は滑稽化されているが、友人カントを通じて知り合ったイギリス商人をモデルにしたことはあきらかだ。

ほかの点でもグリーンは変わっていた。商人は若いころ、業務を終えると港町におなじみの「おたのしみ」界隈へ出かけていくものだが、グリーンは自室で「かたい本」を読んでいた。結婚せず、夜遊びをせず、ケーニヒスベルクきっての富裕な商人になってからも独身で、城に近い立派な家に、年寄りの料理女にかしずかれて暮らしていた。

ケーニヒスベルク大学私講師、哲学専攻のイマヌエル・カントを知ったとき、イギリスの商人は願ってもない対話相手を見つけた気がしたのだろう。すぐさまわが家へ招待した。以来、同じくひとり者のカントが、もっとも足しげく訪れるグリーン家の客になった。主客の対話は夕食をともにする日を除き、夕方七時に終了。グリーン家の近所まわりの人は、バタリとドアの閉じる音を聞いて時計の針をたしかめた。

数多くつたわっているエピソードの一つだが、あるとき二人は翌日の朝八時に落ち合って、馬車で遠出する約束をした。翌朝、グリーンは外出の支度をすませ、七時四十五分に玄関に立ち、八時きっかり馬車に乗った。表通りに出ると急ぎ足でやってくるカントの姿が見えた。カントは手を振り、しきりに「とまれ」の合図をしたが、馬車はかまわず通り過ぎた。定刻をズラすなどは主人の習慣になかったからである。

「歩く時計」に似た時間厳守は、一般にはカントのエピソードとしてつたわっているが、変わり者のイギリス商人のケースが少なからず入りまじったと思われる。あきらかに当初はカントが友人に合わせるかたちで始まった。それがいつしかカント自身の習い性になっていった。伝記作者によるとカントの日常に関し四十歳を境にして、その以前と以後に大きな変化があるという。それ以前のカントはしばしば劇場やコンサートに出かけていた。トランプゲームも好きだった。同僚や知人との会食といった世のたのしみごとにいそいそと出向いていく。四十代はじめのカントの肖像が銅版画で残っているが、いたって世俗的な、精悍な顔をしている。

ところが以後になると、すべてがめだってへっていく。劇場やコンサート通いが少なくなり、トランプをぴたりとやめた。会食に誘われても断ることが多くなった。つまるところ変化は、ただ一つの形であらわれた。以前していたことを、以後はしなくなり、グリーン家訪問がすべてを代理するまでになった。カントにとってグリーンとの対話が、それほど重要であったからだ。

グリーン商会にロバート・マザビーという青年がいた。十八歳のときケーニヒスベルクへやってきて商会に入った。そのときはドイツ語がまるでできなかったが、カントとグリーンの交友が始まったころは二十代の終わりで、すでに言葉になんら不自由なく、おりにつけ二人の対話に立ち会った。そのマザビーの証言によると、対話はほぼいつも、きっかけの話と、つづく議論と、終わりを告げる冗談の「三部構成」になっていた。

「話題が深刻になり、議論が熱をおびて、あわや口論沙汰になりかけると、軽妙な頭脳が割って入ってケリをつけた」

話題にはこと欠かなかった。十八世紀後半であって、グリーンの母国イギリスは産業革命に入った矢先で、新しい機械の発明があいつぎ、労働条件が急速に変化していた。地方から都市への人口流入がテンポを速めてふえていく。カントの尊敬するルソーが『社会契約論』を著した。パリ条約でイギリス、フランスの植民地戦争が終結した。アメリカに対する砂糖条例と通貨条例がイギリス議会を通過——のちのアメリカ独立戦争の火種となったものである。

敏腕の商人は世情によく通じ、最新情報をいち早く手に入れていた。おりしもオランダがインフレに悩んでおり、いずれプロシアに波及する——そのとおりになった。ベルリンでは小麦の買占めからパン不足が起こり、暴動寸前の騒ぎになった。

グリーンの話がながながとつづくことがあった。カントは辛抱づよく聞いていた。いずれ議論の方向にうつることを知っていたからだ。「アメリカに対する通貨条例は是か非か」――。カントはアメリカ側、グリーンがイギリス側につく。マザビーの驚いたことに、その際の議論において、のちに陽の目をみたことがいち早く双方から口にされた。たとえば条例がアメリカで引き起こすはずのイギリス製品ボイコットのこと。通貨条例は必ずや印紙条例をともなうこと。となるとアメリカ各地で大騒ぎになって、イギリス政府は印紙条例を廃止せざるをえないだろう……。

世界史年表には、つぎのような項目がある。

一七六五年三月　印紙条例と軍隊宿営条例がイギリス議会を通過。
同年　　五月　ヴァージニア決議、印紙条例に抗議。
同年　　八月　印紙条例一揆始まる。
一七六六年三月　イギリス政府、印紙条例を廃止。

貿易業に不可欠の印紙の意味を、グリーンは人一倍よく知っていた。

カントについては、ひたすら哲学的思考の人と見られがちだが、まるきりちがっている。名うてのイギリス商人から口づたえに、刻々と変化する現実世界を知らされ、最新情勢にもとづいて「先を読む」コーチを受けていた。ディスカッションという個人教育を通して、厳しい訓練にあずかった。グリーンを知ってのちカントの生活が大きく変わり、グリーン家通いがすべてを押しのけるまでになったのには、カントにとって十分な理由があった。

さらに別の理由もあった。マザビーはやがて共同経営者となり、グリーン商会はグリーン&マザビー商会と改名した。カントがいつごろから商会に投資を始めたのか、くわしいことはわからないが、三十年あまりのちにカントの資産が、四万三千グルデンに達していたことは事実である。当時、個人資産としては相当の額であって、大学私講師、宮廷図書館司書はもとより、つぎの大学教授職といっても、学生からの受講料を教授自身が徴収してまわる時代であって、本来は資産と無縁の生涯だった。

ただ一つ考えられるのは、商人グリーンが友人の少額の投資に対して、最良の利殖でもって酬《むく》いたことだろう。二人の議論にあったとおり、オランダに発したインフレはプロシアに波及し、それがプロシアの属国東プロシアにも及んできた。定額生活者にインフレは恐るべき凶器である。

一七六四年十一月、ケーニヒスベルクに大火があって三百六十九の建物と四十九の倉庫が炎上した。復興にあたり、東プロシア一円で諸物価が高騰した。

ちょうどグリーンとの交友の始まったころであって、カントは経済的安定の必要を痛感していた。それなくしては暮らしはもとより、哲学的思考といった非現実的な仕事など、おちおちやっていられない。あきらかに先にはグリーン商会が、あとにはグリーン&マザビー商会がカントの暮らし、またカントの著作を保障した。そしてカントはイギリス商人の生活流儀を知ったのち、時間厳守をはじめとして自分の生活を友人に合わせていった。友人に寄りそい、しだいに友人と双子のように似ていった。

商人グリーンは詩や文学を解さず、書くものは商用の手紙、為替、手形にかぎられていた。それもグリーン流にいえば、書きたいからではなく、「郵便馬車がくるから」である。そして商用の時間のうち、郵便馬車に合わせて書きものの時間をきめていた。

カントの著作の文体には、めだった特色がある。その徹底した抽象性だ。デカルトやパスカルとちがって、この哲学者は、私的なものをあまさずペンから遠ざけた。そこには少なからず「友人の力」があずかっていたのではあるまいか。友人グリーンが郵便馬車の時間に合わせて手形を書いたように、ちょうどそのように哲学者カントが哲学的手形をつづったからではなかろうか。

永遠の一日

カントは俗にいう「遅咲き」の人だった。四十六歳にして、ようやく母校ケーニヒスベルク大学哲学部教授になった。主著『純粋理性批判』『実践理性批判』『判断力批判』はそれぞれ、五十七歳、六十四歳、六十六歳にして世に問うた。現代とくらべ平均寿命がごく短かった当時のことを考えあわせると、おそろしく年をとってから花開いたタイプである。

念願の教授職にありついてのち、主著の最初の一つが出るまでに十年あまりかかっている。つづく十年ばかりであとの二つを出し終えた。カント学者は先の十年余

を「沈黙の時代」とよんでいる。この間に「カント哲学」が種を受け、茎をのばし、根を張った。そののちにやっと開花をみた。

どんな日常を送っていたのか？　おおよそカント先生の一日を再現してみよう。カント学者の研究からうかがえる、ある日のカント先生の二十四時間。

朝四時四十五分、召使ランペが袖《そで》と裾《すそ》に赤い折り返しのあるお仕着せを着てやってくる。カント先生は赤と白が好きで、ほかの色はお気に召さない。ランペは寝室のドアの前に立って朝の挨拶をする。プロシア軍人上がりなので姿勢がいい。ひと呼吸おき、返事があろうとなかろうとドアを開けて中に入り、ベッドのわきで再び軍隊式に直立をする。

「お時間です」

先生は熟睡している。ランペが声を高めてくり返すと、やおら身を起こし、前夜入念に体に巻きつけた毛布を剝《は》ぎにかかる。瘦せた脚が毛布から出るのを見すまして、ランペはスリッパを揃えて寝室を出る。

住居に関してもカントは遅咲きで、自宅を入手したのは五十九歳のときである。王城のすぐ裏手、寝室は西に向いていて、いつも鎧戸《よろいど》が下ろされていた。そのままにしておくようにランペにも申し伝えてあった。カントは南京虫をひどく恐れていた。南京虫は太陽の光を受けると繁殖すると信じていた。だから寝室に光は禁物というもの。

書斎は東向き、こちらはしらしら明けの朝の光が差しこむ。ひとり者のカント先生は、書斎で朝食をとる。痩せて小さな顔、痩せて小さな体。三角にとがった帽子を頭にのせ、部屋着姿である。

サイドテーブルにランペがお茶を用意している。カントは前にすわり、ポットを取ってコップにそそぐと、ひと口ずつ飲む。朝は何も食べない。理性をとぎすましておくためには空腹でなくてはならない。かわりにパイプをふかす。ランペがタバコを詰めたのを、ひとしきりくゆらせる。朝はそれでおしまい。パイプは一回かぎりと決めていた。タバコなしにいられないのはタバコの奴隷《どれい》であり、そんなことは許せない。ただし、嗅《か》ぎタバコはべつであって嗅ぎたくなれば、すぐさまひとつまみを鼻にそえる。講義中は我慢しており、聴講生がタバコ入れを取り出して鼻にあてがうのを目にすると、ジロリとにらみつける。

ランペが書斎を出ていった。カント先生は残りおしげにパイプをスパスパやって、

ケーニヒスベルクの大聖堂と広場

お茶をもう一杯。その間、上の空なのは七時からの講義のことを考えているからだ。紙片にキーワードを書いていく。それで十分で、講義ノートはつくらない。

かたわら、チラチラ窓の外をながめている。教会の塔が気になる。旗の形をした「風見」が取りつけてあって、風の向きがわかる。立ち上がり、壁の温度計、湿度計、気圧計を順に注意深くながめていく。気象が人の気分や健康を左右すると考えていた。世の中には天気に無頓着《むとんちゃく》な人間がいるものだが、まったく彼らの気がしれない。

七時少し前に寝室にもどり着替えをする。服は着古し、講義には一番古手の服をあてた。靴は締め金つき。頭に身だしなみのカツラ。

きっかり七時。ゆっくりと階下に下りていく。そこは講義用の部屋であって、学生が待機している。メモを教壇に置いて講義開始。カント先生の声はやわらかくて通りがいい。短く切って話す。抽象概念や観念語が頻出《ひんしゅつ》するが、その著作ほど眠くはならない。古城の繁みでカラスが鳴いている。小鳥の声、ニワトリのコケコッコーが哲学用語とともに聞こえてくる。学生は額にしわを寄せ、せっせとノートをとっている。高名な哲学者の講義を聴きもらしたりしたくない。

週のおおかたは十時までに講義終了。学生がドヤドヤと出ていった。カント先生は上階にあがり、部屋着とスリッパにもどって書棚に目を走らせる。見つくろったのをかかえて書斎に入り、読み始めたころ、きまって古城から歌声が流れてくる。先端の部屋は囚人用で、退屈しのぎに流行歌をがなるからだ。カント先生はすでに何度も看守長に抗議したが、人の喉に詰め物はできないといって取り合ってくれない。

著作にかかる前にランペに用事を伝える。買い物、届け物、書店に寄って予約購読している「ハルトゥング新聞」を受け取ってくること。ランペが用件を復唱する。

「……それからハルトマン新聞を受け取って参ります」

カント先生はイヤイヤをするように首を振った。またまちがえた。ハルトマンじゃなくて、ハルトゥング。長らく仕えてきた召使はたいていそうなるものだが、ランペも強情である。「ちゃんとハルトマン新聞と申しました」

「ランペや、そろそろ覚えておくれ。いいね、ハル・トゥン・グ・新聞！」

ランペが出かけると、カント先生はペンをとる。片手で嗅ぎタバコをつまみ、鼻にそえる。ときおり立ち上がって、ハンカチで鼻をかむ。ハンカチは部屋の隅の椅子の背もたれにひっかけてある。必ずそこにひっかけておく。書き物机から部屋の隅は五歩半のへだたりで、往復十一歩。著作の進行には一定の運動が必要だ。

十二時四十五分。カントは執筆を中止して着替えをする。このたびは上等の服。昼食に客を招いていた。食堂は四方が白い壁の簡素な部屋で、楕円形《だえんけい》の鏡が一つ下がっているだけ。カント先生は配膳用の戸棚を開けて食器を検分する。客は多くても五人以内。五人分の食器しかないからだ。ランペがテーブルに配置していく。玄関に人声と足音。料理女が客を二階に案内してくる。書斎に迎えて軽いやりとり。そのうちランペが告げにくる。「皆さま、食事の用意がととのいました――」

まずはヌードルスープ。カント先生がパンをちぎってスープに入れるのは、ドロついたのが好みだからだ。おつぎは魚料理。メインがビーフで、デザートはバターとイギリスチーズ。つねに四分の一リットル入りのフラスコ・ワインがお相伴《しょうばん》をする。客一同はのろのろと食べ、慎重に飲む。さもないと料理とワインがすぐに尽きてしまうからだ。おしゃべりは活発で、あのこと、このことは話題にしても、哲学については決して言及しない。

当時は「袋カツラ」がはやっていた。うしろ髪を束ね、絹袋に入れて垂らしておく。背中のまん中に垂れるのが作法だが、カント先生の背中は執筆のせいで少し湾《わん》曲《きょく》しており、絹袋が左に寄ってしまう。通りすがりにランペが直すのだが、すぐまた左にずれていく。

四時。客たちが帰っていった。カント先生はステッキと帽子を取って散歩に出かける。運動はしても汗をかいてはならない。おりおり木陰に足をとめて休憩する。そのつど空を見上げて、天気模様を観察。蒸しかげん、雲の動きよりして、ことによると今夜ひと雨あるかもしれない。

散歩から帰ると、料理女に翌日のメニューをつたえる。とはいえほとんど前日と同じ。「スープをもう少し濃くしておくれ。魚は……」

そう、魚の種類がかわる程度。バルト海の海港ケーニヒスベルクの砂州《さす》沿いに漁師町があって、魚は豊富なのだ。季節によって川鱒《かわます》も市場に出まわる。

パンとチーズの簡単な夕食のあと、十時までは自由時間である。カント先生は「ハルトゥング新聞」にとりかかる。政治欄、文芸欄、三面記事も丹念に読む。ランペの「ハルトマン新聞」が頭をかすめ、またしてもイヤイヤをするように首を振った。覚えは悪いが正直者で、よく仕えてくれる。

新聞を読み終えると、旅行記を開く。カント先生は旅行記が大好きで、自分はケーニヒスベルクからほとんど出ず、東プロシアからは一歩も出たことがなかったが、他国のことをよく知っていた。とりわけイギリスにくわしく、ロンドンの通りや広場や橋を、まるで昨日ロンドンから帰ってきたばかりのように言うことができた。

何やら感じて気圧計に目をやると、気圧が下がっている。家中がしんとしている。通り全体が静まり返っている。やがてポツリと雨音がした。つづいてしのつくような雨になった。

ぴったり十時。カント先生が床につく。毛布を丁寧に体に巻きつけ、深い息をもらしてから、やすらかな眠りに入った。

翌朝四時四十五分、きっとランペがドアの前に立っている。その日と前日と、何ひとつかわらない。そんな生活が十年、二十年、三十年とつづいた。その中から一つ、また一つ、ゆっくりと著書が生まれていった。

教会の鐘は十五分ごとに時を告げたが、カントの一日は、二十四時間が無時間にひとしいような一日だった。そんな永遠の一日から純粋理性の標本のようなカント哲学が誕生した。

カントの書き方

すでに述べたとおり、『純粋理性批判』は一七八一年に世に出た。二百三十年あまり前である。このときカント五十七歳。最初の主著をこの齢《よわい》で出し、ほぼ十年がかりで『実践理性批判』『判断力批判』とつづく「三大批判書」を完成した。

最初の批判書は当時のドイツ語の正統活字体で印刷され、扉ページにはタイトル、著者名、ケーニヒスベルク（大学）教授の肩書、飾りデザインがはさまって、下にリガ、ヨハーン・フリードリッヒ・ハルトクノッホ発行、１７８１とある。

リガは現在、バルト三国の一つラトビアの首都である。ながらくロシアに併合さ

れていて、当時もロシア領だったが、港湾都市リガには中世末期以来、ドイツ人町が築かれ、ケーニヒスベルクと同様に自由都市として発展していた。ハルトクノッホはそこでドイツ語の出版社を経営しており、哲学叢書を出すにあたってカント教授に書き下ろし一巻を依頼した。この種の企画は、ふつう予定どおりにすすまない。期限つきの依頼を受け、了承して取りかかったはずの書き手が、さっぱり約束を守らないからである。通常、二、三年は遅延し、ひどい場合はお流れになる。

「カント教授は期限どおり、ちかぢか書き上げて渡すそうです」

新しい哲学叢書の企画は哲学者のうちでよく知られていたようで、出版社主ハルトクノッホに知らせてきた人がいる。とても書き上がるまいと思っていたのに、着々と完結に向かっていると知って驚いたのだろう。前年の夏から秋にかけてのこと。カント自身は執筆に「四、五カ月」かけたと述べ、「いわば飛ぶように」はかどったという。難解で知られる著書であって、とても信じられないが、カント自身の意識ではそんなふうにして生まれたわけだ。

「四、五カ月」は実際にペンを手に紙に向かった時間であって、もとよりそれに先立つ長い歳月のあってのこと。カントの書き方には定まったスタイルがあった。まず出だし、全体の流れ、しめくくりを考える。構成をきめてから、一気に取りかかる。全体を書き上げてから、小さな紙片に書きとめていた追加、修正を加えていく。それから改めて全体を書き直した。これに訂正をほどこしてから、きちんとした清書で最終原稿を仕上げる。印刷工程になぞらえると、最初のゲラ刷り、加筆、抹消の入った再校、修正した三校、そのあとの四校にあたるものが出版社に渡された。このプロセスは若書きで定まって、晩年の『永遠平和のために』まで一貫してかわらなかった。

研究者の調査によると、『純粋理性批判』のかなりの部分は一七七〇年代はじめにさかのぼるという。そのころ発表した論文その他が部分的に使われている。執筆にかかる前にカント自身が読み返し、使えそうなものを選り出して、紙片に書きとめていったのだろう。講義においてはノートをつくらず、全体の流れをよく考えた上で要点をメモにし、それを見ながら話したが、そのやり方とよく似ている。カントを読むにあたり覚えておいて、手本にしてはどうだろう？　最初からやたらに線を入れたりしない。こまかいことにこだわらず、また難しい語彙《ごい》の使い方にとらわれず、全体をおおまかにながめ、流れを頭に入れておく。

一七七〇年代といえば、カントがやっとケーニヒスベルク大学教授のポストにありつき、生活に安定をみた前後である。やがて時計代わりになるほど定まった日常のなかで、友人グリーンとの交わりが、ひときわ意味をおびてきた。哲学好きで博識のイギリス商人は、カントとの知的会話をほとんど唯一の生きがいにしていた。カントが友人に述べたとされるところによると、『純粋理性批判』には、先立ってグリーンに披露し、そのとらわれのない目と立場で批判を受けなかったものは一行もしるしていないという。

多少の誇張はあっても、ほぼ事実にちがいない。それほどカントにとっても友人グリーンは欠かせない話し相手だった。このこともカントを読むにあたり覚えていていいことだろう。カント哲学は哲学者カントの頭から生まれたと思いがちだが、そこには二つの頭脳がはたらいていた。商都で成功した貿易商の優雅な客間の午後、思索が大好きな二人が、形而上的言葉をチェスの駒のように配置して知的ゲームに熱中した。十八世紀から十九世紀にかけて、ヨーロッパの富裕層では国を問わず見られた現象であって、おおかたの哲学書はそんなふうに誕生した。カントの場合のやや風変わりなのは、知的サロンが独身の中年男二人にかぎられていたことである。

カント哲学は孤独な思索ではなく、活発な対話の精神から生まれた。カントがいわば「飛ぶように」ペンを走らせていたとき、しばしば友人がまじりこみ、顔を出していたはずである。哲学用語をよくこころえていたが、それ以上に商業用語にくわしかった。とすると考えられる、『純粋理性批判』の第一校には、「資本」とか「借用」「担保」「投資する」「調達する」といった意味合いの言葉が、哲学用語を代理するかたちであちこちに顔を出していたのではなかろうか。それが二校、三校とすすむうちに消されたり、書き換えられた。

対話の精神がはたらいているかぎり、どれほど学問化されても読みづらいということはない。カントの三大批判書のあいだには、友人グリーンの死がはさまっている。対話の相手を失って、カントの思考は影響を受けないではいなかった。ためしに三つを読みくらべると、書き手がすべもなく硬直化していったあとがうかがえるのではあるまいか。

哲学書の作法どおり、『純粋理性批判』は序論で始まって全体が大きく二部に分かれ、ついでカテゴリーによる区分が入り、それぞれが章と節に分化していく。全体の流れをたどると、すぐに気がつく。「超越論的原理」「超越論的感性」「超越論

的論理」「超越論的分析」「超越論的判断」「超越論的弁証法」「超越論的理念」「超越論的方法」――。

つまるところカントの主著は、当今の日本の小娘が「超ムカツク」などとしきりに口にする「超」の字の目白押しなのだ。タイトルにある「純粋理性」が本格的に論じられるのは、やっと後半に入ってからで、そこでは序論につづく四章があてられ、順に純粋理性の訓練、基準、建築法、歴史が語られていく。

「超越論的」にあたるドイツ語はカント哲学ではじめて大きな概念語になったもので、それまでは中世のスコラ哲学で神を言うときの言い方だった。神はすべてを超えたものであり、経験してのち知るような存在ではない。その用語をカントは認識という作業に応用した。ものを知る、認識する、それはすべてを超えた知的営みなのか。経験なしに知り、認識することは可能なのか。もし可能だとしたら、どのようにすればそれができるのか。もし不可能だとしたら、何によって不可能であり、どのように対処すべきなのか。

若いとき親なり大人から、「経験したこともないくせに生意気言うな」と叱られた思い出はないだろうか。自分で経験しなければ何ごともわからない。処世術はそう唱える。その論理でいけば、多く経験すればするほどよく知るようになり、何ごとにも通じた賢者になるはずだが、現実は逆である。経験を語る親や大人たちは、なんと賢者から遠いことか。叱られて「超ムカツク」のは、親なり大人たちの超越論的経験論がウソであり偽りであって、超越論的タワ言にすぎないと先験的にわかるからだ。カントを通してそんなこともわかってくる。カント哲学は二十一世紀にも、ちゃんと有効な考え方を示してくれるのだ。

時代閉塞の中で

カントの『純粋理性批判』が世に出た年のことだが、シラーの劇作『群盗《ぐんとう》』が作者自身による大胆な演出で上演されて大評判をよんだ。ゲーテがワイマール公国の財務局長になった年でもあって、こちらは道路の拡張や下水道の設置に大わらわだった。たとえ小さな町の小さな出来事であれ、それ自体はこれまでになかった近代化の一つの試みだった。

その二年前には、レッシングが『賢人ナータン』を世に問うた。キリスト教とイスラム教とユダヤ教を舞台に持ちこみ、宗教の名における差別と暴力を批判し、宗教の名による寛容と共存を主張した。これは同じ年にヘルダーが公刊した『諸民族の声』に対応するものだった。そこには民族を問わず暮らしの中ではぐくまれてきた民謡が、いっさいのわけへだてなしに収録され、「民族の声」にいかなる区別もないことを伝えていた。

カントの『実践理性批判』とほぼ同じころ、ゲーテは代表作の一つ『イフィゲーニエ』を発表した。きびすを接するようにしてシラーの『ドン・カルロス』があらわれた。カントの『判断力批判』にはゲーテの『タッソー』がつきそっている。同じころヘーゲルが『精神現象学』を用意していた。フンボルトの『比較言語学研究』が進行していた。フィヒテが学問論を説き、「市民の目覚め」をうながした。「シュレーゲル美学」が陽の目をみた。ほかにもハーマン、ヤコビー、シェリングの自然哲学……。やがてゲーテの『ファウスト』、シラーの『ヴァレンシュタイン』が引きつづく。

歴史書では「ドイツ古典主義時代」などとわかりにくい名でくくられている。まるで十七世紀フランスの宮廷を中心に生まれた古典主義のあと追いのように聞こえるが、まるきりちがうのだ。ルネサンスを伝承するかたわら、古代ギリシャの精神を人文学にとり入れようとした。

遠い過去を手本としたのはなぜか？　それだけ現代が惨めで、閉塞していて、息苦しく、目をそむけるしかなかったからである。ドイツ古典主義の文化的高みは、時代の政治的低さときわ立った対極線をえがいている。そもそも難解な『純粋理性批判』が若い世代にも争って読まれ、直ちに「カント哲学」として一般化したのも、時代の精神的高揚があってのことである。それはまた「批判」三部作が十年あまりの驚くほど短い期間に完結した理由でもあった。

フリードリヒ大王の死の直後。カントはケーニヒスベルク大学総長としてフリードリヒ＝ヴィルヘルム二世の東プロシア巡行《じゅんこう》に立ち会い、大学訪問にあたってはアカデミーを代表して新しい国王を出迎えた。その労に酬いるようにして王は辺境の哲学者をベルリン・アカデミー会員に推挙した。一七八六年のことである。

大王の甥にあたる新国王は偉大な伯父にならい軍部と官僚機構の改革を志したが、その意向は無視されるか、ほんの一部が形だけ実行されるにとどまった。軍幹部、また官僚たちはフリードリヒ＝ヴィルヘルム二世がフリードリヒ大王ではなく、きわめて軽い人物であって、抵抗すればすぐに気持ちがかわることをよく知っていた。

勅令《ちょくれい》好きの形式主義者であって、形だけととのえれば満足する。自分の意見というものを持たず、取り巻きが耳元でささやけば、それをオウム返しに述べるだけだということも。

カントは友人グリーンからヨーロッパの経済状況を克明に聞いていた。異郷で財を築いたイギリス商人は、富の行方を的確に見ていた。フランスは七年戦争で国庫を浪費し、アメリカ独立に無謀な手出しをして散財した。放漫政治は歯どめがきかず、遅かれ早かれ財政が破綻《はたん》、革命騒ぎになるだろう――。

財務にとどまることではない。グリーンが経済にくわしいようにカントはフランス思想にくわしかった。ルソーの肖像は、カントが書斎に認めていた唯一のインテリアだった。ルソーに代表される啓蒙精神が民衆を教化しており、こちらも早晩、雪が崩れてなだれになるように、一気に大きな流れをつくって噴出するにちがいない。

一七八六年の友人グリーンの死のあと、年若いマザビーが商会を継ぎ、カントは日曜ごとにこのイギリス人と会食していた。その口を通して、必ずや最新の情勢を知っていたと思われる。この時点では両名とも知るよしもなかったが、フランス革命の三年前にあたる。

ケーニヒスベルクのカイザーリング伯爵は国王につぐ名家であって、老伯爵は英明な人として聞こえていた。その屋敷で毎週火曜日の午後にサロンが開かれ、カントは三十年に及ぶメンバーの一人だった。伯爵の死後、伯爵夫人がホスト役をつとめ、サロンはかわりなくつづいていた。メンバーの一人のヒッペルはカントの友人であり、商都ケーニヒスベルクのジャーナリズムの中心的人物だった。ヒッペルは職業柄、サロンで交わされる会話を注意深く聴きとり、あとでメモにつづっておいた。それが記録としてのこされているが、テーブルをはさんで活発なやりとりがあった。当時の習わしで、貴族には長ったらしい敬称がつくが、それを省けば舞台のセリフを聴くようにして読める。実際、セリフのように語られていただろう。話し手は私的な意見として以上に、ひろく伝わってもかまわない半ば公的なメッセージとして口にしていた。それは当時の手紙が宛て名の人にとどまらず、背後の何十人もを意識して書かれた公開文であったのと同じである。

当然のことながら、つねにベルリンの王室をめぐるあれこれが話題になった。新しい事件やエピソードが披露され、とたんに現代のテレビ討論のようなシーンになる。ヒッペルがキャスター役をつとめていた。意見を取りつぎ、注解を加え、きわどいケースはさりげなくサインを送って転換させる。

国王フリードリヒ＝ヴィルヘルム二世のまわりに、はやくも取り巻きができていた。その一人をヨハーン・ヴェルナーといった。政治好きのくわせ者で、「薔薇《ばら》十字結社」なるものをつくり、宗教の名で政治にくい入り、政治の名で宗教指導者を任じていた。その相棒はヨハーン・ビショッフヴェルダーといって、僧衣をまとった三百代言《さんびゃくだいげん》というものだった。二人のヨハーンが大王の死を待っていたかのように「軽い王」に取りつき、その意向を代弁した。フリードリヒ＝ヴィルヘルム二世が統治した十年あまりの間、ドイツにおいては薔薇十字結社といった奇妙な集団が隆盛を見た。魔術や錬金術やらを言い立てる宗教的ペテン師たちが活躍した。その目にあまる跳梁《ちょうりょう》ぶりは、シラーが『招霊妖術師《しょうれいようじゅつし》』のタイトルで、現代でいうルポルタージュに書きとめたとおりである。

カイザーリング邸のサロンでも、当然そのことが話題になった。宗教的山師たちは護教の御旗のもとに自由思想の抑圧にかかっていた。検閲の強化を言い立て、勅令を連発させた。神秘的な儀礼にくるんで反啓蒙思想を押しつける。軽薄で気前のいい王を手玉にとって、国家と教会を意のままにする。

ヒッペルのメモに「カント」が名指しされることはめったにない。口をつぐみ、聴き役に徹することが多かったからだろう。わずかな例外に、フリーメイソンで知られる人物が話題になったとき、「フリーメイソンで知られる」ことの危険を口にした。もともとフリーメイソンは「秘密結社」であって、「秘密」に閉ざされた中にいるべきもの。薔薇十字結社が秘密を武器にして権力にくい入ったのが「実体の証し」ではなかろうか。

あきらかにカントはじっと耳をすましてベルリンの情勢をうかがっていた。それは大学行政にもかかわってくる。フリードリヒ大王のころ、ツェドリッツ顧問官がベルリンの教育評議会をとりしきり、顧問官はまたカントの庇護者《ひごしゃ》でもあった。政治好きの宗教的ペテン師がその追い落としを図り、早くも一七八八年七月、首尾よく顧問官ポストを掌中《しょうちゅう》にした。いずれ大学評議会に「新方針」が送られてくる。

時代が目に見えて閉塞していく。カントは肌で感じていたのではなかろうか。『実践理性批判』は一七八八年刊となっているが、ケーニヒスベルクではすでに前年末から出廻っていた。当時はよくあったことであれ、印刷・刊行を急いだせいもある。純粋な哲学書といえども、反動体制がどのような名目で禁止や削除を言ってくるかもしれないからだ。

ドイツ古典主義の多彩な展開と充実は、政治と宗教、また社会状態の手ひどい沈滞と空虚と、二本の糸のようにより合わされている。時代の個性と能力に対して、社会がいかなる場も力も与えないとしたら、外界からは意識的に目をそむけ、ひたすら思索に、内なる世界に集中するしかないだろう。カントは首尾一貫して「知力」を語り、ゲーテは「内的世界」を口にした。つまるところ時代の合言葉というものだった。外ではなく内に向かって、ひたすら精神を輝かせる。

十八世紀末から十九世紀初頭にかけて、大革命さなかのフランスをはじめ、新大陸アメリカにおいても、社会は激しく揺れ動いたが、ひとりドイツにはなんの動きもなかった。フリードリヒ＝ヴィルヘルム二世のあとを同じ名前の三世が継いだが、「軽い王」のあとに「軽薄な王」がつづいたぐあいである。先の王が自分のしたいことをさっぱりわきまえていなかったとすると、後の王は何一つ自分でしたいとは思わなかったらしいのだ。世間が噂したように「ビヤ樽とビヤ樽のような腰の妃」以外、とりたてて王の興味をひくものはなかったようだ。

噂だけでなく、実際、その手の人物だったようで、その四十三年間の統治中、いかなる分野でも、歴史にのこるようなことは何ひとつなさなかった。カントが生きたのは、このような時代であり、このような状況だった。その内的世界は、仮借《かしやく》ないまでに荒涼とした外的世界に深々と根を下ろしていた。

教授の時間割

先にいちど触れたが、一七八三年の年の瀬に、カントは初めて自分の家を手に入れた。プリンツェシン通りの二階建て、王城のすぐ裏手にあたる。このときカント先生は五十九歳。老いに近づいて、やっと自前の住居を持つまでになった。

それまではずっと借家暮らしだった。家賃のこと、また部屋の広さに頭を悩ませてきた。当時、大学教授は自宅で講義をした。そのための部屋を用意して、受講生から講義料を徴収する。「ケーニヒスベルク大学哲学教授イマヌエル・カント」の名が高まるにつれて受講生がふえ、家賃をまかなうのに困らなくなったが、人の出

入りがはげしいといって近所から苦情が舞い込む。近くに病人が出ると大ごとだ。そのたびに引っ越しをした。

ベッカーという画家が死去して住居が売りに出た。カントの友人ヒッペルの隣家であって、いち早く事情を聞きつけ、カントに知らせてきた。一七八三年十二月二十四日のこと。同月三十日に売買が成立。一週間たらずで契約にこぎつけたのは、建物が気に入ったせいもあるが、急ぐ必要があったからだ。翌年の夏学期は五月に始まる。それまでに画家のアトリエだったところを講義室に改造しなくてはならず、また多人数に耐えられるように床の補強もしなくてはならない。補修費用とともに工事の遅れにカントはやきもきした。依頼した大工の頭《かしら》に、現場見廻りを促す手紙を送っている。

ともあれ無事、五月に引っ越しをした。独身のカント先生には家具調度品がいたって少なく、荷物らしいものは書物だけである。引っ越しは簡単だったが、移ってみると、あれこれ厄介ごとがあるのに気がついた。王城のすぐ下であって緑ゆたかなのはありがたいが、カラスがどっさり棲みついていて、朝夕うるさく鳴き立てる。王城には裏手に獄舎があって、何人もの囚人が収容されていた。彼らが退屈しのぎに歌をがなったりする。『純粋理性批判』の著者には聞くに堪えない卑猥な歌で、大いに思索を乱された。

さらに近所の少年たちにも手を焼いた。人通りが少ないのをいいことに、隠れんぼと称して庭の奥にもぐりこんでくる。注意すると、仕返しに石を投げてきた。警察に訴えたが、悪ガキが大人になったような警官は、被害が出ないかぎりどうしようもないと言って取り合ってくれない。カントの著作が一七八四年は短い論文が二つきりなのは、新しい環境に慣れるまでに落ち着かない日々を過ごしたせいだろう。

このころのカント教授の時間割は、ほぼつぎのとおり。

	七〜八時	八〜九時
月	形而上学（冬） 論理学（夏）	神学または倫理学
火	〃	〃
水	地理学・人類学	
木	形而上学（冬）	神学または倫理学

論理学（夏）
金　〃　　　　　神学または倫理学
土　地理学・人類学

冬・夏はそれぞれ冬学期、夏学期を指す。水曜と土曜の地理学・人類学は十時まで。土曜日にはしばしば形而上学、論理学の補講をした。また週を通して十二時までは図書の管理、受講生との面談にあてなくてはならない。

王立大学のレッキとした教授といえども、その労働条件において、王宮の厩舎《きゅうしゃ》係《がかり》とさしてかわらなかったことが見てとれる。調教の相手が馬か人間かのちがいにすぎない。カント自身、おりにつけ自分の職務を「シジフォスの労働」にたとえている。ギリシャ神話によると、シジフォスは急坂に岩を押し上げる仕事を課せられたが、いま一息のところで岩は転げ落ち、未来永劫それをくり返さなくてはならない――。

講義料の徴収にあたって、カント先生は寛大なことで知られていた。たいていの教授はタダ聴きを許さず、払えない者はしめ出しにしたが、カントは受け入れた。

ただし二回目は遠慮してもらう。席がかぎられているからである。この面の扱いに関するかぎり、カントは王宮出入りの職人とひとしく対処していたといえるだろう。良い商品を納入するかぎり、それに見合った代価をいただく。

講義の時間割に応じてカントの日常もほぼきまっていた。先にくわしく見たとおりであって、起床は五時前。お茶を飲み、パイプをふかす。それから講義の準備。週日の午前中はそっくりとられる。東プロシアという辺境の国の大学だからではなく、カントの日常は、ドイツのほぼすべての大学教授たちのそれとひとしかった。ハイデルベルクでもミュンヘンでもフライブルクでも、アカデミーの厩舎係としてシジフォスの労働にいそしんでいた。

そのなかでカントにきわだっていたことが一つあった。たいていの教授たちが齢《よわい》とともに気むずかしくなり、人間嫌いの変わり者になっていったのに対して、カント先生は友人たちの人気者だった。午後や夜の談話に欠かせない人であって、当人もまたシジフォスの労働から解放されると、着替えをして、いそいそと出かけていった。

なぜか見すごされている一点だが、カントの著作は孤独な思考の産物ではないだろう。何よりも友人グリーンとの活発な議論や対話のなかから生まれた。ふつうディアレクティクは「弁証法」と訳されるが、そもそもは「雄弁」を意味していた。語り上手のおしゃべりである。そしてカントはまさにそのディアレクティクの名手だった。それは講義にも大いに発揮され、学生たちを魅了した。はるばるカント先生の聴講にやってきたイギリスの学生が述べているが、地理学で都市ロンドンの講義を受けた。有名なロンドン塔の由来や川の現状がリアルに語られ、カント先生はてっきりイギリス生活があったものと考えた。実際はケーニヒスベルクですらめったに出ず、東プロシアから一歩も出たことがないと聞かされて、目を丸くした。

グリーンのいたころだが、昼食のあと、カントはまず友人を訪ねた。グリーンは痛風を病んでいて外出がままならない。同席した人が報告しているが、ある日、カントがやってきたとき、グリーンは肘掛け椅子で寝入っていた。カントはそっとかたわらの椅子にすわり、友人をながめつつ自分もうたた寝に入った。つぎにおしゃべり仲間の銀行頭取がやってきて、眠りこんだ二人と同じ経緯をたどった。そのあと、ほぼきまった時刻にもう一人の友人がやってきて三人に声をかけ、それからにぎやかな談話になった。

初めての自分の家に移った冬学期だが、カントは学部長に選ばれた。五十代で一度つとめており、これが二度目にあたる。おりしもケーニヒスベルク大学は医学部の後任人事をめぐり、教授たちが二派に分かれて争っていた。学部長は大学の評議員を兼ねているのでカントも争いに巻きこまれ、仲裁役を買って出たばかりに、いらぬ敵をこしらえた。

その手のことは大学におなじみであって、カントはさして意にとめなかっただろう。カラスや囚人の歌声や悪ガキのいたずらはあれ、ひき移った「わが家」が気に入っていた。閑静な一角であって、夜は物音一つしない。住み込みの料理女がいるばかり。彼女は猫を飼っていて――カントの用語を借りると――ときおり猫に「説教を垂れている」。夜ふけに夢でもみたのか、やにわに犬が遠吠えをしたりする。

簡素なカントの仕事場に一つだけ飾りがあった。ルソーの肖像であって、それが仕事机の上にかけてあった。修復した当座は白かった壁が、ローソクの煙とパイプのせいで黒ずんできた。すすが張りついて、指をあてると字が書ける。実際、カントと友人の議論を聴いていた人が、一方の説の承諾のしるしを壁に書きとめたこともあった。

十八世紀の古版画がケーニヒスベルク城の裏手の風景を描いている。高台に城がそびえ、下の繁り合った木々ごとに町家が見える。左手の二階建てがカントの家らしい。こんもりした繁みはカラスが棲みつきそうだし、城の裏手の陰気な棟には牢獄が設けられていただろう。

カントの住居のあった界隈を描いたものもあって、二階建ての場合は、たいてい一方に露台《ろだい》がついていたことがわかる。粗末な木製のドアが入口で、どの家も小さく、昼でも薄暗かったのではあるまいか。一方が突き出しになっていて、そこが台所だったのかもしれない。というのは、友人の記録に、家に近づくと「まず台所の匂いが迎えてくれた」といったくだりがあるからだ。

いかにも貧しげな建物であって、これが大哲学者イマヌエル・カントの終《つい》の住み家とはとうてい思えない。しかし、たしかにカントはここに住み、ここで毎日、講義をした。『実践理性批判』や『判断力批判』は、ここで生まれた。ケーニヒスベルク大学総長に選ばれ、フランス革命の経過に胸を痛め、『永遠平和のために』をしたためたのも、この家のことだった。

熱心な受講生の一人にエルカーナというユダヤ人の青年がいた。熱心さのあまり

59歳で手に入れたカントの家

神経衰弱になって、「カント哲学のせいだ」との噂が立った。青年はケーニヒスベルクを去り、イギリスで何年間か過ごして再び東プロシアにもどってきた。このたびは哲学に興味を示さず、海水を真水にする方法に熱中していた。変人とされた点では以前とかわらなかったというから、カント哲学狂乱説はとんだぬれぎぬだったと思われる。

友人グリーン家の集いは毎日のようにつづいていた。土曜日は九時までのびた。それから一同で夕食をとった。スコットランドの商人が同席したことがあるが、「これ以上ないほど質素な料理」だったそうだ。

独身者のつれ合い

名前はマルティン・ランペ。若いころはプロシア陸軍の兵士だった。軍務をはなれてのち、カントに仕えた。四十年間にわたり、この召使はもっとも身近に哲学者を見つづけた人物だった。

東プロシアはプロシア王国に帰属していて、プロシア軍が駐屯《ちゅうとん》している。当地はまた兵士の供給地であって、男子は十五歳から軍に出仕できる。親からすれば食い扶持《ぶち》がへる上に小銭を稼いでくれるし、教育、しつけ、手ワザいっさいを軍部がめんどうをみてくれる。マルティン・ランペはおおかたの貧しい家の男子がたどっ

たコースを経て、カント家出入りになった。はじまりは三十代の半ば。ご主人様は四十代半ばの独身者だった。

早朝五時前に主人を起こす。湯をわかして、お茶の用意。主人がお茶を飲んでいる間に洗濯をする。水場は離れているので、カントは願いどおりの静けさのなかでお茶を飲み、パイプタバコをふかしながら考えごとができる。

カントの肖像画は、いずれもノシのきいた白いシャツに形よい上着姿だが、兵士あがりの召使が、毎日、火ノシをかけ、丹念にブラシをかけておいた。当時、フロックにはカツラがつきもので、衣服に応じてカツラも取りかえる。そのためどの家にも十、二十とカツラがあった。複雑なカールのついたカツラの手入れも召使の重要な仕事である。カバン、靴、ステッキを磨くのは、もとよりのこと。

カントが講義に出ている間に掃除をする。家具、調度品の修理、ランプ磨き。必要な品はメモで渡されており、家事が終われば買い物に行く。託された手紙やメッセージを相手方にとどけ、ときには返事をその場で受け取ってくる。訪問者があれば、指示されているとおりに処置して、伝言をのこしてもらう。

ランペは読み書きができたし、早朝の起床や規律は軍隊でたたきこまれていた。

無口で、こまごまとよく働き、気転がきく。ずっとのちのことだが、カントは晩年、リューマチ症状で手足が不自由になった。そんな主人を召使が両腕にかかえて、天気がいいと露台の椅子にすわらせた。すっかりちぢこまった老人をベッドへ運び、長い時間をかけて手や脚を揉みほぐした。どうしてこの召使を知ったのかは不明だが、カントにとっては願ってもない「つれ合い」だった。

一つだけ、マルティン・ランペが主人の意向を無視したことがある。通いの召使にカントは独身者を望み、その条件で傭《やと》っていた。いつのころかはっきりしないが、ランペは妻を得た。だが、そのことは主人に告げずにおいた。もしかすると誰かの口から、カントはそのことを聞いていたかもしれず、しかし、もはや不可分の「つれ合い」であれば、知らぬふりで通したのかもしれない。

召使兼メッセンジャーの仕事は午前中で終わる。料理は別の職務であって、あらためて料理人ないし料理女を傭わなくてはならない。大学私講師、ついで図書館司書には荷のかちすぎること。六十代ちかくで「わが家」を手に入れるまで、カントはもっぱら食堂に通った。友人、知人の夜の招きは、カントにとっては同時に夕食のレストランを意味していた。

伝記作者はカントが昼食に通った店までも調べている。引っ越しのたびに少しかわったが、とくにひいきにしたのは、「ユンカース通りのツォルニヒ」と、「ビリヤード室あり」を売り物にしていたゲルラッハの店である。ツォルニヒ、ゲルラッハといった名前のひびきぐあいからもわかるが、ごく安手の庶民的な店であって、「安食堂」「定食屋」というのにあたる。種々雑多な人がやってきて、声高にしゃべりながら席につく。食事中に何かが歯にはさまると指でほじり出すし、満腹するとゲップを出す。どうしてゲップを出していけないのだ？　それは旺盛な食欲と健康の信号なのだ。

東プロシアのドイツ語は粗野で乱暴とされていた。いかに上品ぶっても、話し方で即座にお里が知れるともいわれた。庶民の店ツォルニヒやゲルラッハでかわされ、とびかっていたのは、当然のことながら「生粋の」東プロシア・ドイツ語であって、話しかけられるとカントも同じく土地言葉で応じたはずだ。カントはそのような店を好み、馭者《ぎょしゃ》や兵士や職人とまじっての昼食を愛した。思考に総動員した頭の緊張をときほぐしてくれる。職人の子カントが父につれられて通ったような店であって、わが家の食卓にいるようなものなのだ。

友人への手紙のなかでカントは、そんな店であらたまった口調の「正統的ドイツ語」で話しかけてくる気取り屋を槍玉にあげている。馬鹿なお調子者に「この上ない愉悦の時」を台なしにされたというのだ。カントが日ごろ口にしていた言葉は、その著書とは似ても似つかぬ、きわめて方言色の強い辺境のドイツ語だった。

東プロシアきっての名門貴族カイザーリング伯爵家の夕食に、カントは欠かせない客だった。世に知られた哲学者には、伯爵夫人の隣席が用意されていた。ハンザ都市ケーニヒスベルクの富裕な商人たちは競うようにして晩餐会を催し、そこにカント先生を招くのを名誉とした。プロシア軍部のエリート将校は名うてのインテリたちであり、その会席には市長や商工会理事長やオペラ座支配人もやってくる。カントも将校会席の数少ない定連だった。

そんな席でカントはむろん、ツォルニヒやゲルラッハとはちがうドイツ語を話した。何かの話題で人物の話し方をとりあげるとき、東プロシア訛りをまねて笑わせた。同席者はカント先生の口まねのうまさに舌を巻いた。

カントが好んで招かれたのは、学識や著書のせいではなく、その人となりに魅力があり、話題が豊富でおもしろく、つねに座を盛り上げてくれたからである。たとえケーニヒスベルク大学の大ボスでも、人物がつまらなければ声をかけられることはないし、山のような学識と著作の人でも、会食にきて黙々と食べるだけの人は、一度はともあれ二度とお呼びはかからない。

「カイザーリング伯の昼食会のことですが、ケーニヒスベルク大学の学者と同席しました。カント先生と申すおかたで……」

一七七八年にケーニヒスベルクを訪れた天文学者が知人への手紙に書いている。物腰、話術、応対ぶりがきわめて洗練されており、巧みに機知をまじえて人をたのしませる。風貌は哲学者ダランベールに似ていて、とりわけ目と顔の表情ゆたかなのが印象的だった。著作についてたずねたところ、「小さな哲学書」を準備中とのこと——。

カントが述べた「小さな哲学書」は、とりかかって数年になる『純粋理性批判』と思われる。気軽に答えたことからもうかがえるが、はじめは試論のかたちで冊子風にまとめるつもりでいたらしい。それが十数年がかりの『批判』三部作になろうとは、カント自身も予想していなかった。

思索的な対話の相手に生涯の友グリーンがいたことは、先に述べた。異国の街に根づいたイギリス商人グリーンにとって、流麗なキングズイングリッシュで思考の成果を語り合える相手は、またとない友人だった。ロシア、プロシア、オーストリアによる領土の分割でポーランド王国が消滅した際、いくつもの銀行がつぶれ、商都ケーニヒスベルクでも少なからず破産者が出たが、賢明なイギリス商人はいささかの損失もこうむらなかった。グリーンとの三十年に及ぶ交友の間に、カントの資産は「恵まれた少数者《ハッピー・フュー》」の仲間入りをするまでにふくらんでいた。

　地理学も教えていたカントに、旅行の必要を説く同僚がいたが、カントは意に介さなかった。同行を誘われると、健康上の理由、また母国を出るのに必要な煩わしさ、交通の不便さを述べて断った。持病をもっていたわけではないが頑健とはほど遠い体質だったし、当時、旅行には金銭のちがいや宿の不潔さをはじめとして、厄介なことが多々あった。一般市民が旅行をたのしみだしたのは、ようやく十九世紀の後半の「グランドツアー時代」を迎えてからである。カール・ブッセの詩のいう「山のあなた」は、あくまでも憧れるだけで、大半の人がわざわざ出かけはしなかった。東プロシアから一歩も出なかったカントは、とりたてて変わり者ではないのである。

独身を通した点はどうだろう?　マルティン・ランペという寡黙《かもく》な働き者の「つれ合い」がいる。ふだんは町の食堂、たまの贅沢に夕食の招待が待っている。対話相手には生涯の友がいて、有能な商人が財務を手がけてくれる。そしてカントはやさしさ以上に静けさを愛した。もし問われれば、不審そうに相手を見返して、「なぜ結婚しなくてはならないのか」と、問いかけたのではなかろうか。

カント総長

一七八五年の冬学期に、カントは学部長に選ばれた。奉職して六年目の一七七六年夏学期を皮きりに、すでに三度、哲学部を含む人文系学部の学部長を務めてきたが、このたびの学部長選出は次期総長候補の意味合いを含んでいた。総長は評議員より選ばれる。評議員は学期ごとに一定のきまりで入れ替わるが、「長老」と呼ばれる十人は例外である。カントは五十五歳のとき「長老」に昇格した。以後、哲学部の四人の長老の一人だった。

ふだんはルーチン化した雑務をこなすだけだが、一七八五年の冬学期は難問をか

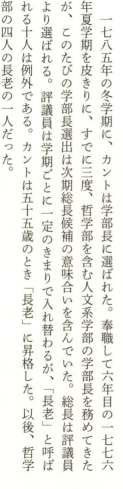

かえていた。イサーク・アブラハム・オイヒェルといってカントの教え子の一人が、「東方の言語」を教科に加えてほしい旨の請願書を出していた。許可が出れば責任をもって自分が受けもつ用意がある——大学で教えるためには少なくとも修士の資格を必要とし、新教科請願は修士認定の求めも兼ねていた。

名前からもわかるのだが、オイヒェルはユダヤ人である。また「東方の言語」は具体的にはヘブライ語を意味していた。ユダヤ人に修士号の認められた前例はない。カントは教え子の卓抜《たくばつ》な語学力をよく知っており、請願の受け入れを表明したが、大学当局は却下した。理由は明白で「請願者はユダヤ人」である。

カントはおそらく神学部が手を廻して却下に働きかけることを予期していただろう。先立って「学生バッコの請願の件」があった。やはりユダヤ人の教え子で、盲目に加えて手足が不自由ながら、驚くべき鋭利な頭脳をそなえていた。学部を終え、修士のための論文を書き、審査にそなえてカトリックに改宗。カントは請願を支持したが、当局は門前払いの扱いで対処した。

ほかにも難問があった。同僚のメッツガー教授はカントとほぼ同年齢で、カントよりずっと先に教授になった。ケーニヒスベルク大学総長のポストを狙っており、あれこれ運動するかたわら、ライバルと目されているカント学部長に何かと楯つき、失点をもくろんで足を引っぱる。評議員は総長の補佐役で、「長老」組の意見が対立すると、いつまでも決定にいたらない。

カントが『純粋理性批判』を世に出したのは、四年前の一七八一年である。難解できこえた哲学書に対して、二年後に著者自身による手引きをこめた『プロレゴメナ』を公刊。つぎの『実践理性批判』発表が一七八七年であって、このころはもっぱら「三大批判書」の二つ目にかかりきりとされているが、どうもそうではなかったようだ。「哲学部学部長カント教授」の署名のある文書がどっさり残されているが、流れるように美しい書体で、某教授の「名誉教授推挙の件」「学部図書館開館時間延長の件」といったことの最終決定にいたるまでが報告されている。名誉教授推挙にあたり、条件なり制約を設けるとすると、いかなる基準にもとづくべきか。教授会では、その種のことがえんえんと議論されていたらしいのだ。

つづく一七八六年冬学期、カントはケーニヒスベルク大学総長に選ばれた。古くは中世にさかのぼるドイツ語圏の大学のなかでも、とりわけ由緒ある格式と伝統を言われていた。新興都市ベルリンに設置されたベルリン大学よりも、ハンザ同盟で栄えた商都の誇る大学こそ、学生たちにとって憧れのアカデミーだった。

新総長は就任早々、忙しく立ち働くはめになった。同年八月、プロシア国王フリードリヒ二世がポツダムで死去。「フリードリヒ大王」とうたわれ、一代で北方の新興国をヨーロッパの強国に押し上げた人物である。死去にともない九月にはフリードリヒ＝ヴィルヘルム二世が跡を継ぐ。国王就位式は国をあげての行事であって、さまざまな祝典がとり行われる。東プロシアは属国として本国の範《はん》にならい、大学もまたセレモニーを準備しなくてはならない。玉座につくと、王は直ちに国内を巡行する。ケーニヒスベルクも巡行コースに入っており、国王は必ず市庁舎とともに大学を表敬に訪れる。

カント総長の手がけた書類には、「記念貨幣鋳造の件」「名誉教授招待数の件」などといった項目が見える。国王の就任には習わしとして記念貨幣が発行される。そこに刻みこむ意味深いラテン語の文言につき、東プロシア政庁が問い合わせてきたのだろう。また大学の祝典行事には慣例として名誉教授を招くわけだが、生存者全員を招くのも大ごとだから数を限るとすると、どのあたりで線引きをすべきなのか。さらに席を設けるにあたり、何をもって席順を決めるか。『実践理性批判』を考えていたころ、カントはもっぱら、この手の雑務に追われていた。古今東西を問わず、大学教授会では同様のことがしかつめらしく議論されているものであって、管理職は雑務に対する実践力を試される。

カントと親しかったクラウス教授は、カントと同様の学究肌の人であって、二人の共通の友人が述べた言葉が伝わっている。「こと管理・運営に関するかぎり、カントもクラウスも一つの国はもとより、一つの村も、いや、村のニワトリ小屋も手にあまる」

たしかにそのきらいはあっただろうが、友人のつねとしてわざと誇張した言い方だったのではなかろうか。カントは学部長を五度、総長は二度つとめた。誇り高く、口うるさい教授たちをまとめて、曲がりなりにも支障なくやってのけた。とりわけ人事には人物本位と公平をつらぬき、反対を押しきって若いクラウスを教授に迎えたし、学識と見識で知られた宮廷説教師シュルツに大学ポストを用意した。

おそらくカントはまわりの「空気」といったものを正確に読み取っていたのだろう。その上で引くべきところはさっさと引いて、通すべきところは果断に押し通した。人文学は神学と、しばしば対立するし、医学部は実用本位であって、同じ大学人でも考え方がまるきりちがう。そういったことも十分に配慮してことをすすめた。

ついでながらプロシア国王就任祝典の終了後、メッツガー教授が評議会にカント総長弾劾《だんがい》の文書を配った。国王臨席のミサに自分の一存で教授陣を招かず、また祝宴への名誉教授招待数を勝手に削減したというのだ。ほかにもあれこれ総長の「失態」が列挙してあった。評議会が弾劾書をどのような扱いにしたのかはさだかではないが、どの国のどの大学でもおなじみのケースであって、文書がうやうやしく配付され、全員が黙読ののち思案げに宙をにらみ、しばし時間が経過したのち、議長役が「貴重なご意見をうけたまわった」旨のひとことで幕引きをしたと思われる。

同じこの年の十二月、カントはベルリンの科学アカデミー会員に選ばれた。宿敵メッツガー教授には、ハラワタの煮えくり返るほど腹立たしいかぎりだったにちがいない。

一七八五年冬学期のあと、カントはこれまでのように、ほとんど毎日講義する義務はなくなった。週四時間を公務としてこなし、ほかに同じ時間数で、自分の好みの講義をすればいい。人気教授カント先生の授業を聴くため、学生は一時間早くやってきて席を確保した。

六十歳をこえて、静かに老いが忍び寄っていた。宴席のあとなど、カントは消化不良に苦しんだ。左の眼の視力減退が始まっていた。書物を開くと紙の白さに眩暈《めまい》を覚えたりする。ときおり膝に痛みが走り、足を引きずるような歩き方になる……。

学生たちには憧れの学者であって、授業のほかでも、カント先生を目で追っていたのだろう。教え子の一人が誇らしげに知人に報告している。

「いつも清潔ないで立ちで、やや首を左にかしげ、峻厳《しゅんげん》な面《おも》もちで歩いていかれます」

ゆっくりした足どりで、全身にえもいえぬ威厳がある。晴れた日はツバ広の帽子に、よく手入れしたカツラ。服の色どりは派手めで、それは「時代の趣味」にかなっていた。つまり原色を好んだ十八世紀風の服装で、学者然とした黒ずくめではなかったわけだ。

「総長補佐団が聖堂ミサに向かうとき、カント先生だけはさっさと素通りして行かれました」

カントは「アテイスト（無神論者）」とみなされていた。あるとき、街の人に教会のカテキスム（カトリック要理）について問われたとき、いたずらっぽく相手を見返し、ほほえみを浮かべながらまず指で頭を差し、つぎに手を胸にそえて言ったそうだ。「ここではわかりますが、こちらではわかりません」

一七八七年、『純粋理性批判』第二版刊行。哲学書には、たえてない売れゆきだった。ドイツの大学で「カント哲学」が口にされ、講義にとりあげるところもあらわれた。難解なままに、その哲学がひそかなブームになっていたことがうかがわれる。

おりしも大学町イェーナで一つの事件があった。学生が二人、禁じられている決闘沙汰を引きおこした。ことの始まりがカントだった。一人がもう一人から、「わかった顔」をしていてもカントを理解しているわけではないと言われ、三十年かかれば少しわかり、本当にわかるには「さらに三十年は必要」ときたので、いたく傷つき、決闘に及んだというのである。

一卵性双生児

カントは六十二歳のときに最良の友グリーンを喪った。一七八六年七月のこと。翌月にはフリードリヒ大王が死去しているが、カントにとっては友人の死にくらべ、大王の逝去など、とるにたらぬ世俗の一件にすぎなかったと思われる。

グリーンは友人というだけではなかった。すでにカントの半身にひとしかった。伝統ある海港の有能な商人として、カントの乏しい貯えを有利に運用し、年金にひとしい財産にまで育ててくれた。大英帝国の情報網をもつイギリス人として、つねに最新の世界情勢を啓発してくれた。同じく独身の初老両名は町の人が噂したとお

り、少々変わりダネの「一卵性双生児」というものだった。

友人の死後、カントの日常は大きく変化した。夜の食事会に招かれてもめったに受けず、外食の習慣をとりやめて、料理女を傭って夕食は自宅ですませる。これまでほぼ毎日、午後はグリーンの居間で過ごし、きっかり七時の時鐘《じしよう》とともに別れるのが習いだったが、もはや訪れるべき友はいないのだ。ひとりで過ごす時間が一挙に多くなった。

引きこもりがちな生活を警告する人がいたのだろう。半年ばかりして、少しずつスケジュールをあらためた。グリーン商会の後継者マザビーは若い友人であって、日曜日はこの商人宅で過ごす。財務の報告、また情報源をたやしてはならない。カントはその英語力を通して、つねにロンドン発信の最新のニュースと接していた。フランス革命の直前であって、ヨーロッパの雲行きが怪しい。蒸気機関という新エネルギーの登場とともに、紡績をはじめとする工場がつぎつぎと規模を拡大していた。産業構造が急速に変化する。投資先を誤ると、虎の子の貯蓄を失いかねない。

大革命のあと、ヨーロッパ全域が未曾有《みぞう》のインフレにみまわれ、土地経済にたよっていた貴族や地主がみるまに没落していった。旧来の年金システムが破綻して、多くの自殺者が出た。そのなかでカントはひと財産にちかいまでの蓄財をして、晩年の落ち着いた暮らしを確保した。有能なアドバイザーをもち、みずからも的確に情勢を見きわめていたからである。

最良の友人を失って一年後、グリーンに代わる対話相手として同僚のクラウス教授が登場してきた。初期の教え子であって、その能力を買って教授職に推薦したのもカント自身である。これまでも散歩仲間としてつれ立って歩く姿が、おりおり町で見かけられた。往来で二人を見かけると、たいてい人は足をとめ、話に熱中して顔をつけ合うようにして通り過ぎるのを見送った。

たしかに目を惹くコンビだった。ともに小柄で痩せっぽち、顔も小さい。外形からして、このたびも「一卵性双生児」のけはいをおびている。ただし出立《いでた》ちが対蹠《たいしよ》的《てき》で、年かさはフロック、ズボン、靴ともに手入れがよく、流行に即しているのに対して、若いほうはくたびれた上着にシワだらけのズボン、足はドタ靴。ただ頭のカツラは逆で、若いほうはきちんと頭にのせているが、年配者はたいてい片方によじれ、ときには背中に落ちかかっている。

日曜日はケーニヒスベルクの店はおおかたが休みで、外食者は夕食に苦労する。

そのためグリーンはカントの夕食を兼ね、日曜は七時ではなく九時の別れと決めていた。いまやカントは逆の立場であって、独身中年男のクラウス教授のために日曜の夜は夕食会とした。たまたま初めのころの日曜に行き合わせた人が伝えている。
「二人のひとり者が寒い部屋に凍えたようにすわっていました。召使がワインを運んできて、私もグラスをすすめられました。寒さしのぎにお代わりをせずにいられません。クラウスはまるで哀れな罪人のようで、小皿の半分も食べられないのでした」

海運の商都きっての裕福な商人の場合と、薄給の大学教授とでは、同じ夕食会でも天と地ほどにちがう。そのうちカントも改善を図ったのだろう。クラウス教授以外に、しだいにメンバーがふえていったことからも、「哀れな罪人」待遇が消えていったものと思われる。記録にのこっているところでは、二年後の一七八八年、幼なじみの友人、知人や大学の同僚のほかに、銀行頭取、市会評議員、司祭などが夕食会にやってきた。当時のケーニヒスベルクの最良の市民たちの小さなサロンになっていたことが見てとれる。

どんなことが話題になっていたのだろう？　トピックスなら、どっさりあった。

メンバーの一人マザビーが口切り役だったかもしれない。ヨーロッパの主だった川には蒸気船が走り出していた。コークスを燃やす溶鉱炉があらわれ、鉄鋼業が大型化していく。新興のロスチャイルド商会は電信鳩を飼っていて、急ぎの通信に利用している。各地で運河が建設されており、いずれ水路による運送が、馬車による陸路にとって代わるのではあるまいか。

アメリカが独立して十年あまりである。海の向こうの大陸は豊富な資源と人的財産により、いずれヨーロッパ大陸に比肩する世界的勢力となるのではないか。アダム・スミスの『諸国民の富（国富論）』はいち早く、来る十九世紀の富の動向を予告しているといえないか……。

カントが『純粋理性批判』を公刊して数年になる。哲学書におよそないことだが初版が売り切れ、第二版が出た。ドイツの大学の哲学講義に「カント哲学」の名があらわれた。個人名と哲学を結びつけて、独自の思考形態であることを暗示している。思考の発展を示す次作を期待する声が高まっていた。

グリーンという絶好の聞き手は失ったが、クラウスという新しい対話相手が見つかった。師弟関係にはあれ、幸いクラウスはその種のことは顧慮《こりよ》しない。また、いいぐあいに関心の方向がちがっていた。カントは理論家であって、思考は抽象と思《し》惟《い》のなかで終始する。クラウスによるとカントは「人生の上に漂い、ただ思弁的関心から生をながめている人」だった。一方、クラウスにとって哲学は人生に働きかけるものでなくてはならない。こちらは実務的哲学者であり、経済や法律も思索の中に入ってくる。道徳哲学を講義するとき、クラウスは当然のようにアダム・スミスの富の移動論に言及した。数学は実用を果たす応用数学でなくてはならない。

ケーニヒスベルク大学哲学部にとってカントとクラウスは両極であり、相互に補完し合っていた。しかも両者とも相手を認め、高く評価し、しばしば講義中に敬意をこめて業績に言及した。ふつう大学の同僚間では、表面的な敬意とは裏腹に陰湿なライバル意識と嫉妬心がうごめき、講義にあたり同僚の著書に言及するなどありえないことなのだ。当時のケーニヒスベルクの学生は、アカデミズムでめったにない珍事に立ち会っていたことになる。

おりしもカントは『実践理性批判』を準備中だった。刊行は一七八八年であって、グリーンの死後二年のこと、クラウスとの新コンビが蜜月《みつげつ》を迎えていたころにあたる。全体はカント一流の思弁の成果であれ、「実践理性」を考える上で同僚の実務哲学が大きなヒントになったにちがいない。補完し合う二つの考えは、第一の書『純粋理性批判』と第二の書との関係にも及んでいる。ともに得がたい友人との対話の精神が底流にひそんでいた。

おシャレなカントと、身なりにかまわないクラウス。それはまあいいとして、上着やズボンに飲み物や食べかすのしみがめだつようだと見すごしがならない。ある日、カントはさりげなく話を衣服のテーマに誘導し、なにげない口調で言った。

「クラウス先生、そろそろ服を新調なさってはいかがでしょう?」

クラウスは真意を悟ったようで、同じくさりげなく、目下流行の色やスタイルにわたる好みを話題にした。数日後、夕食会仲間の歓声と拍手に迎えられ、上下とも新調を着こんだクラウス教授がテーブルについた。

カント・メニューはその哲学書のようにきちんと区分がされていた。スープのあとは肉料理(通常は牛肉)、マスタードはイギリス製、ほかに二品出て、年中三皿がかわらない。ワインは要望のないかぎり二杯。これに季節の果物がつき、しめくくりがデザート。食事中はナイフやフォーク、皿のふれ合う音や、咀嚼《そしゃく》し呑み込むときに特有の音だけ。飾りひとつない暗い食堂に、ときおり咳払いがして、ひそめたささやきが交わされた。デザートが終わると、やおら主人が声をかける。

「さて、諸君、では何か話すとしましょう。口切りはどなたにお願いしましょうか？」

町のニュースや身近な人物のことから順次ひろがって、政治や経済に及んでいく。六十代半ばのカントをはじめとして、サロン仲間は大半が初老の人々だった。いずれも孤独な老年にさしかかり、夕食会はめいめいの流儀で孤独を癒《い》やす役目を兼ねていた。

そのなかでクラウス教授はひとまわり若く、身ぶり手ぶりをまじえ声高く話し、笑い声もひときわ大きかった。あきらかにカントの夕食会にクラウスはなくてはならぬ人であって、実務派の人の話題が席を活気づけた。

何ごとであれ蜜月は長くはつづかない。『実践理性批判』が出てしばらくのことだが、クラウスの参加がしばらくとだえた。研究者によると、両者にちょっとした諍《いさか》いがあったせいだという。何をめぐってか、くわしくはわからないが、「実践理性」の解釈の点で、理論家と実務家には、ともにゆずれぬ線があったのだろう。

よりがもどり、クラウスの参加が復活する。孤独な相手の心もちをよく知ってい

イギリス製のマスタードをこねるカント先生

たのだろう。七時を過ぎても、カントはひとりになるのを好まないふうで、何かと引きとめにかかる。最終八時まで、いつもクラウスが自分で定めた役目のようにして居のこりをした。

フランス革命

一七八九年七月十二日、パリで一つの事件があった。夜のことだが、市民が入《にゅう》市税《しぜい》取立所を焼き打ちした。この段階では、まださほど注目を引かなかったが、二日後の事件は大ニュースとして全ヨーロッパに報じられた。七月十四日の朝、パリの民衆が廃兵院《はいへいいん》を襲って武器弾薬を奪い、午後になってバスティーユ要塞《ようさい》を襲撃。夕刻、要塞は陥落、守備隊長とパリ市長が殺害された。フランス革命の始まりである。

ヨーロッパの北の辺境ケーニヒスベルクにも、事件の経過が刻々と伝わってきた。

これまでカントが友人たちと、何度となく話題にしてきたところだった。ブルボン王家は七年戦争やアメリカ独立戦争に介入して多大の出費をした。放漫財政はとどまるところを知らない。じりじりと物価が上がり、各地で食糧暴動があいついでいる。友人グリーンはイギリス生まれの商人の目で、早くからインフレのいきつく先を説いていた。カントは尊敬するルソーの著作を通して、民衆革命の到来を予測した。

予測に反したことといえば、事態のあまりに急な展開だった。バスティーユ陥落をきっかけにして革命の動きは一気に地方都市や農村にもひろがった。八月四日、立憲議会は封建制廃止を決議、十一日に成文化して公布した。二十六日、議会は「人間と市民の権利宣言」を採択。そこには高らかにうたわれていた。「人間は生まれながらに自由にして、各人等しく自由に生きる権利をもつ」。いまだヨーロッパ諸国が身分制のただ中にあるところに、目を剝《む》くような自由と平等をうたう人権宣言があらわれた。

カントはさぞかし新聞報道を克明に読んだだろう。宣言の語句をめぐり、カイザーリング伯の午後の会では、議論がわき立ったにちがいない。「生まれながらの自由」とは何か？　「等しく自由に生きる権利」とはどのような平等にもとづくのか？　先祖代々の所有財産はどうなる？　税金はどうする？　各人が好むところの職務を選ぶ自由を誰が保障するのか？

この間にもフランス革命は急テンポで進展していた。十月五日、衛兵が民衆に加わり、国民衛兵として市民たちとヴェルサイユを行進した。ジャコバンクラブ創設。十一月二日、教会財産没収・国有化の法令公布。十二月十四日、「アシニア証券」発行。底をついた国庫を救うための「第二の財源」である。翌年には銀行券として大量に出廻った。

ケーニヒスベルクの敏腕な商人たちは「アシニア」の発行を聞いて顔色を変えたのではなかろうか。新しい金銭の登場は必ずやインフレを加速させ、それはフランス国内にとどまらなくなる。全ヨーロッパがインフレの波に巻きこまれ、早かれ遅かれ金銭価値が大きく下落するだろう。

グリーンの死後に商会を引き継いだマザビーはこれまでどおりカントの貯えを預かり、割のいい投資にまわしていた。急展開の事態に対して、商会がどのような対策をとったのか、くわしいことはわからない。ただカントがこの間も以後も、経済的不安にみまわれなかったことはたしかである。引退後は、薄給の大学教授には考えられないほどの貯蓄をそなえていた。明敏な財務コンサルタントの知恵があってのことにちがいない。

それは珍しい例外だった。フランスのインフレは予測されたとおりヨーロッパの国々を巻きこみ、ドイツでも数年のうちに金銭価値が六分の一ちかくにまで下落した。土地所有者、年金生活者はもとより、身分に応じて固定していた俸給暮らしは、一挙に困窮《こんきゅう》に直面した。アシニア紙幣は年ごとに名目価格の半分、三分の一に低下、ついには紙切れと化して、勇んで投資した者は全財産を失った。全フランスで多くの自殺者が出た。

カントの同時代人の二人の音楽家、モーツァルトとハイドンを思い出すとわかりやすいかもしれない。時代に対する生き方であって、モーツァルトは知られるとおり浪費型だった。陽気に騒ぐのが大好きで、着物道楽としてどっさり服を買いこんだ。フランス革命のさなかにも暮らしをかえず、妻と五人の子供と少なからぬ借金をのこして世を去った。一方、ハイドンは貯蓄型であって、仕える王家の俸給ほかを、せっせと貯蓄した。どちらの生き方が「正解」だったか、いうまでもないだろう。モーツァルトはきれいさっぱり使いはたし、他人のふところ分までたのしんだのに対して、パパ・ハイドンの貯えは、気がつくと六分の一に目べりしていた。

ゲーテの『ファウスト』第二部出だしの「玉座の間」では、皇帝を囲んで幹部たちが頭をかかえている。国庫が底をつき、もはやなすすべがない。このとき天文博士の口を借りて悪魔メフィストフェレスが、とっておきの「錬金術」をささやきかける。手っとり早い金のつくり方。いたって簡単であって、新しい紙幣をどしどし出せばよろしい。「領内に埋もれた無尽蔵《むじんぞう》の宝」を担保とする——。

宮内卿《くないきょう》がいそいそとやってくる。借金を全部支払って、高利貸しどもも退散した。兵部卿《へいぶ》はようやく兵士に給料が払えた。宰相《さいしょう》も顔をほてらせて大よろこび。メフィストはこうも言った。重たい金貨とはおサラバして、これからはお札を胸のポケットに入れておく。

「恋文などもいっしょに入れておくといいでしょう」

舞台は神聖ローマ帝国の宮廷だが、ブルボン王家に取りかえてもピッタリ合うだろう。小国ワイマールで財務のやりくりに苦労したゲーテには、アシニア紙幣が悪魔の発明のように思えたにちがいない。

そのせいもあってか、ゲーテは終始フランス革命に否定的だった。秩序の崩壊にともなう「本能と蛮行《ばんこう》の流行」を見てとった。血で血を洗う恐怖政治の到来を予告した。当時のドイツ人の大半を代弁したぐあいであって、沈滞した母国を鋭く批判していたシラーやヘルダーやシェリングも、当初こそ隣国の革命に熱い視線を送っていたが、権力闘争の兆しが見えはじめるとともに共鳴は急速にさめていった。マラー、ダントン、ロベスピエール……非難合戦のなかで目まぐるしくリーダーが入れかわり、そのたびに処刑台がにぎわった。一七九二年、国王ルイ十六世が逮捕され、裁判が始まった。オーストリア、プロシアは、もはや対岸の火事とばかり言っておられない。国王の首がとぶ事態は忌まわしい悪夢というものだ。

軍を動員して革命派に警告する。一七九三年一月、ルイ十六世が「人民に対する罪」によって処刑された。革命委員会、公安委員会の創設。地方兵が続々と首都に集結してくる……。

同時代のドイツ知識人の大半が反革命に転じるなかで、カントは革命支持の姿勢を崩さなかった。カント自身の証言は少ないが、友人、知人の伝えるカント像は、あきらかに革命原理への親愛を伝えている。とめどない混乱と、首尾一貫した新しいシステムを根づかせることとはべつの次元であって、人々が苦しんできた「古い悪」をこえるためには希望を捨ててはならない――。

カイザーリング伯邸のサロンにはヒッペルという有能な筆記係が加わっていたが、一七九〇年を境にして、発言の記録はめだって少なくなっていく。やがて日付と参加者の名前だけになり、ときには名前も省いた。無機的な参加者数だけになった。

プロシア官憲の目が厳しくなったのを見てとってのことだろう。革命を支持する者は「ジャコバン党」ときめつけられて警戒された。フリーメイソンのレッテルを貼られる。秩序を破壊する反動分子のリストに入れられかねない。

そのなかでカントはかかわらず革命を弁護した。友人、知人はハラハラしながら小柄な哲学者を見守っていた。哲学的原理への信頼は、社会的原理の信頼にひとしい。時勢に応じて一方を捨てれば、哲学そのものが成り立たなくなる。カントと親しい哲学仲間の一人が友人に送った手紙が残されている。日付は一七九四年一月。フランスでは公安委員会の権限が強化され、内部闘争が処刑合戦に変化しはじめていた。底なしの混乱のなかで国内が内乱状態に陥り、ツーロンでは革命派が反革命派を攻撃。両派の衝突のなかに「砲兵中尉ナポレオン・ボナパルト」なる者がいたが、さしあたりは反革命派軍人の一人にとどまっていた。

「……カントは完全な民主主義者で、信じるところを話してくれました」

手紙はそんなふうに書き出されている。カントによると、目下《もっか》生じているゾッとするようなことすべては、永らく続いてきた専制政治による永続的な悪とくらべれば、とるに足らない。ジャコバン党が目ざしていることは、おおかたのところは正しいだろう。処刑の不当を軽々に批判してはなるまい。ジャコバン党はきっと、公にされていない秘密の情報をもっていると思われる。

おりしもロシアのエカテリーナ二世が対フランス大同盟結成に動いていた。カントはそのことにも言及したという。

「ヨーロッパはいまやロシア女帝主催の舞踏会です。イギリス、オーストリア、プロシア、イタリアは女帝のお傭い兵です。彼女は戦争を起こして、ヨーロッパからトルコの力を駆逐する宿願を果たしたいだけなのです」

どの程度まで、この手紙が真実を伝えているのかはわからない。べつの友人は昼食会で、話題がフランスの現状に及びかけたとき、「わざと話題をそらしてカントが自説を述べようとするのを阻《はば》んだ」という。カントは革命を「よきこと」とみなしており、ただそれが「不毛な方向に走る」のだけを憂えている。テロや告発を過大視する必要はない。

「彼をこの考えから引き離すのは難しいばかりか、ほとんど不可能と思われます」

さらにべつの人は、最新の情報を知りたくて新聞を待ち受けているカントの姿を述べている。フランス革命に共鳴したのは少数ながらもほかにもいて、宮廷説教師兼ケーニヒスベルク数学教授シュルツ、またカントの同僚クラウス教授も共和制支持を表明していた。プロシア官憲はさして社会的影響力をもたないアカデミシャンであることにより、北辺の大学の変わり者御三家として、大目に見ていたのかもしれない。

老いの始まり

一七九一年、カント六十七歳。四十歳になると「老人」といわれた時代であって、すこぶる長寿に恵まれていた。いまや当代きっての哲学者として並ぶ者がない。その名を慕ってケーニヒスベルク大学に移ってくる学生が学期ごとに少なからずいた。商用でやって来たイギリス商人が故郷への土産話に訪ねてきたりする。そんな一人が手紙で述べている。

「三日間の当地滞在中、毎日カントに会っていました。一度は食事を同席したのです。楽しい、明るい老人で、最良のコンパニオンであり、フランス語でいう

bon vivant《ボン・ヴィヴァン》はこういう人をいうのでしょう。重い料理でもきれいに消化する人です、彼の哲学は読者には消化しきれないとしても……」

bon vivantは「美食家、享楽《きょうらく》主義者」といった意味だから、陽気におしゃべりしつつ食欲旺盛な姿に立ち会ったのだろう。その間、哲学の話などひとことも出なかったのが、商人にはなおのこと奥ゆかしくて気に入った。

哲学者フィヒテはカントより四十歳ちかく若く、論客として売り出したばかりだった。教職につきたいのだが、なかなかポストが得られず、家庭教師で食いつないでいた。一七九一年にケーニヒスベルクに来たのは、教授ポストに不可欠の論文完成にあたり、カントのアドバイスと推薦を得るためだった。ひと月半あまりの滞在中に論文を仕上げ、カントのもとへ持参した。ケーニヒスベルクの出版社主ボロヴスキーの報告によると、ある日、散歩中のカントに出くわしたところ、やおら声をかけてきた。手助けしてほしい、職に困っている若い人を助けてほしい、名前と、少々のお金が要り用になっているとのこと。

カントはフィヒテの草稿を出版に足るものとして推薦した。草稿は手直しを受けて翌年には出るはずだったが、実現しなかった。ラディカルな論客の神学観が検閲にふれて許可が出なかった。

結果はともかくとして、このエピソードはカントの人となりをよく示している。才能があると思うと骨身を惜しまず面倒をみた。大学人として神学部の旧弊《きゅうへい》ぶりはよく知っており、「ドイツ国民に告ぐ」といったタイトルで民衆に覚醒をうながすような時代のオピニオン・リーダーが、大学に迎えられっこないことはわかっていても、知人、友人に助力を求めずにいられない。

論文刊行の援助とともに、フィヒテはカントの授業に期待してやって来た。その報告は手きびしい。イギリス商人のように食べっぷりと軽妙なおしゃべりだけで脱帽したりしなかった。「(カントの)教壇は著書のような効用を持たない」というのだ。

「あの偉大な精神を宿すには、肉体が疲れすぎています。カントはすでにヨボヨボで、あきらかに記憶力の減退が始まっているのです」

カントの老いをめぐる最初の的確な指摘である。いずれ、それは年とともに急速に数を増していくだろう。

授業のコマ数を週九時間にしたのは、一七八九年の夏学期だった。それまでは形而上学のほか論理学、自然法、地理学など十四時間を担当していたから、三分の二に減らしたわけである。いずれ元にもどすはずだったが、二度と実現しなかった。

友人たちには「午前中しか書き物ができない」のをこぼしていた。夜は疲労のあまり、ペンをとる気にならない。午前中は授業とかさなるので、コマ数の分だけ執筆時間が少なくなる。一七九〇年の冬学期の形而上学の講義は「受講者四十名」とある。ケーニヒスベルク大学でピカ一の人気講座であって、ひところは教室が人であふれた。いまやかつての半分以下である。学生がもっとも敏感に老カントの衰えに気づいていたのかもしれない。

期待して北辺の古都にやってきた学生の一人が、一七九五年四月の日付のある手紙で述べている。週に二度の授業を受けている。講義は通常の話し方で、ひとことでいうと「迫力」がない。「老いた小さな、背中の曲がった人を想像してください。黄色いボタンのついた茶色の上着で、頭に古ぼけたカツラがのっています」話しながら、ときおり「理解を促す」ように両手を動かした。よく聴きとれぬことがあって、論旨も不明快だが、欠かさず受講をつづけている。

当時のドイツの大学の習わしとして、助手にあたる者が毎回、教授の来る前に箇単なガイダンスをした。同じ手紙に学生が、そのことにも触れている。助手はいつもカント先生の講義が難解であることを伝え、たとえ当座はわからなくても「勉学心を失う」ことのないようにと励ました。

「その通りですが、いちどカントの語りにはまると、すらすらとわかる気がするのです」

この学生は、カントが授業にもってくる厚ぼったいノートにも言及している。びっしり書き込みがあって、メモや切り抜きが貼りつけてある。「四十年間、毎日教室に運ばれてきたようです」

歳月そのままの汚れと古びぐあいを見てとっていた。高名ではあれ、すでに老境に入り、以前の魅力と鋭さを失った老人の姿がそれとなく浮かんでくる。

教壇の衰えは大学行政の分野にも及んでいた。ケーニヒスベルク大学哲学部は、カントが同僚クラウス教授と人気を二分していた。クラウスは経験・実践哲学、カントは理論哲学でバランスがいい。カントが著書を通してひろく知られていたのに対して、クラウスは書くのが苦手で、そのかわり雄弁、能弁で知られていた。齢《よわい》とともに肥《ふと》ってきて、押し出しもよく、教壇に立つと一幅の絵になった。この点では瘦せた小男のカントとは対蹠的である。

　両教授の大学内の地位が逆転していたのだろう。受講生の数においてもひらきが出てきた。クラウス教授は、以前は著書がないことに肩身の狭い思いをしていたが、学生数の増加とともに考えがかわってきた。半ば公然と口にするようになった。自分の教育の目的は「生きた学問を授けること——死んだ書物で生きのびることではない」。

　一つのカント像がのこされている。当時よくあった楕円形のミニアチュール（細密肖像画）で、C・ヴェルネトの作。いかなる画家かは不明だが、細密画は現代の写真にひとしく、多少の美化はまじえても正確に写し取った。

　そこに見るカントは、一人の小さな老人である。両目が大きいのは、画家の注文に応じてムリをした感じだ。目の下のたるみ、額の皺は歴然としている。ゆたかな頰というより老人に特有のポッテリした頰を思わせ、その口からはモゴモゴと言葉にならないつぶやきが洩《も》れる感じ。

　同じくポーズをとった肖像でも、画布に描かれたものはあくまでも「絵」としてつくられていた。そこには聡明な顔の洒脱な社交好き、機知あふれた bon vivant がいた。いっぽう細密画家は日ごろ訓練した目と腕でリアルに描いてしまう。形どおりに調整しても、おのずと老いの始まりの只中《ただなか》にいる人間を再現せずにいられない。

ほぼ同時代と思われるが、ある日のエピソードが報告されている。朝の講義中、前列の学生の一人が退屈さのあまりに長々とあくびをした。カントはムッとしたようで、早口の切り口上で告げたという。あくびが我慢できないのならば、「せめて手を口にあてる」のが紳士の礼儀というものだ。

しばらく気まずい沈黙がつづき、しらけた空気が教室に流れた。カントは即座にわが身の態度に気づいたのだろう。ひとり言のようにして述べた。自分は天才のために講じるのではない。天才はみずから道を見つけるからだ。愚か者のためでもない。愚か者に労をつくしても何も始まらない。天才と愚か者の中間にあって、将来のために修養を求めている者のために話している。

助手は配慮して、以後、大あくびの学生を最後列の席に指定した。

カントの難解さが一般の人に「知の化身」といったイメージを植えつけていたようだ。フィヒテが書いているところによると、旅の途中の宿で一人の大尉と不死をめぐって議論したとき、大尉はカントを証人役にあげ、カント先生が神の存在に疑

晩年のカント

問を呈しているからには不死ということも疑問であると主張した。

「あなたがカントを読んだはずはない！」

フィヒテは思わず大声を上げたそうだ。もし本当に読んでいれば、そのように気軽に名指しなどできないはずというのだが、世の知識人の議論や会話のなかに、「カント」が教養のしるしのように使われ、一行も読んだことがなくても、何かと引き合いに出す者がいたことがうかがわれる。

ちなみにずっとのちの戦前の日本の旧制高校でも、カントが似たような使われ方をしていたようだ。北杜夫《きたもりお》の『どくとるマンボウ青春記』は戦争末期に信州の松本高校に入学した青年の思い出だが、念願の寮に入るやいなや、すぐさま哲学書にとりついた。まずはカントを読んだ。書いてあることは「神明にかけて理解できなかった」が、それでも友人と議論に及ぶと、何かにつけて「カント曰く」を振りまわしていたという。

老いをめぐりカント先生は、きわめて興味深いケースだろう。どれほど聡明で緻密な頭脳にも、老いの衰えは免れない。カント自身、気づかないでもなかったが、少なくとも当初は、さして気にとめなかった。細密肖像画に描かれたころのカントは、学生の大あくびにたじろぐことはあっても、つぎにはウィットをまじえて不作法をとがめることができた。死に対しては、いずれ遠からず自分にも訪れると考えていた。老いは死の先触れにあたり、人間は樹木と同じように先端から死んでいく。つまりは頭脳から枯れていく。機知あふれた言い方は、老いをまじめにとっていなかったせいだろう。

カントは自分の講義が難解とは思わず、大あくびを誘うほど退屈とも考えなかった。フィヒテの指摘した記憶力の減退に、カント自身は気づいていなかったふしがある。遠からず訪れるはずの死が十数年も先のことで、その先触れ役の老いが、恐るべき威力を発揮することは少しも考えていなかった。

検閲闘争

一七九二年二月、カントは論文「人間性の邪悪さについて」を書き上げた。ときに六十八歳。月刊誌『モナーツシュリフト』に発表するに先立ち、草稿を出版者ビースターを通してベルリンの検閲局へ提出した。『モナーツシュリフト』はベルリンで創刊されたが、このころは発行所をザクセン王国に移しており、必ずしもベルリンの検閲局の意向を伺うまでもなかったが、論文に添えられた手紙によると、「過激な意見に敏感なベルリン当局を忌避《きひ》した」と思われたくないからだという。検閲は無事通過し、論文は四月号に掲載された。

つづいて六月、ビースターのもとに続稿「人間を支配する善と悪の原理の相克《そうこく》をめぐって」が届けられ、このたびは「不可」となった。ビースターの異議申し立てに対して、先の論文は学術的で一般人にかかわることはないが、このたびの論文は神の問題にわたっており、「望ましからず」の判定が出たとの回答とともに異議申し立ては却下された。

ザクセンの商都ライプツィヒでは春の復活祭にブックフェアーが開かれる。同じ一七九二年のことだが、『黙示録批判《もくしろくひはん》』と題された一冊が話題をよんだ。著者名がなく、いわゆる匿名本《とくめいぼん》である。さっそくライプツィヒの新聞が取り上げた。「これまでに『ケーニヒスベルクの哲学者』の著書をのぞいたことのある人は、匿名の背後に誰がいるか、直ちに推察できるだろう……」

カントは直ちに訂正を申し入れた。自分は「巧妙な匿名者の仕事」にいささかも関係しておらず、その労作の名誉を守るために著者を明らかにする義務があると考え、「ここに明言する——少壮の神学徒フィヒテ氏である」。

フィヒテはケーニヒスベルク大学神学部教授のポストに応募するにあたり、カントの指導を受けた。論文を仕上げて提出したが、採用されなかった。応募論文の刊行に際して出版者の意見で匿名にした。カントはその間の事情をよく知っていたと思われる。『黙示録批判』が若いフィヒテの著書として世に出ていたら、さして話題にならなかっただろう。匿名性で人目をひき、高名な哲学者が乗り出すに及んで若い神学徒の名が一挙に知られた。啓蒙期《けいもうき》の論客フィヒテのデビューにあたる。

こういった経過によっても、当時の検閲がいかなるものであったか、ある程度うかがわれるのではあるまいか。プロシア王国の場合、国王直属の検閲局が一手に取り扱っていた。おりしも隣国フランスでは大革命が進行中で、言論の自由、検閲制の廃止が高々と掲げられていた。革命の余波を恐れて、北の強国プロシアは一段と検閲制を強化した。体制批判はもとより「神」や「自由」に厳しく目を光らせている。だからといって必ずしも不自由であり、神や体制を批判できないものでもない。

「検閲官にもわかるような諷刺なら禁止されてもやむを得ない」

ハプスブルクの検閲を出し抜いた諷刺作家カール・クラウスの言葉だが、ひとしくカントが思っていたことでもあるだろう。文脈をこらして論旨をおりこみ、文体をみがいて検閲官の目をくらませる。わざと名を秘め、匿名性によって話題をよぶ手もあった。検閲制に宣伝係をさせるわけだ。

同年七月、カントはビースターに不可になった草稿の返却を求めるかたがた、近く道徳についての論を書き上げる予定であって、検閲を通った論文と合わせて本にする旨を伝えている。

最終的に関連した四篇をまとめた。その出し方が興味深い。このたびはベルリンの検閲局を通さないで、大学の哲学部か神学部に提出し、その承認による刊行を考えた。ケーニヒスベルクの神学部に打診したところ、検閲を通さない場合、事後の検閲官との悶着を恐れて受け入れを渋った。哲学部はクラウス教授が学部長で、カントは友人を万一のトラブルに巻きこむのを避けたかったようである。ハレ大学へ送り、哲学部による「出版に足るもの」のお墨つきを取った。つづいて刊行を急がせたので、翌七三年のライプツィヒ・ブックフェアー開幕にまに合った。

カントはいたって大胆なことをしている。収録した四篇のうち、最初の一つはたしかにベルリンの検閲局を通っている。あとの三篇は未検閲ながら、たしかに大学哲学部の承認を受けた。だが、そのうちの一つは検閲局が不可としたものである。ハレ大学へ送るとき、カントは何くわぬ顔で当の一つをまぎれこませた。国王の腰《こし》巾着《ぎんちゃく》として政治に介入し、検閲局でも重きをなしている官僚ヴェルナーの鼻をあかしたわけだ。

大胆かつ危険な賭《か》けだった。つい二年前、宮廷説教師で著述家としても知られるシュルツ師が、検閲を無視して公刊したパンフレットのせいで説教師の地位を追われた。いちどはシュルツ擁護派が穏便《おんびん》にすませたものを、ヴェルナー派が巻き返して追放にもちこんだ。擁護派の何人かが巻きぞえをくって、三カ月にわたり俸給を停止された。

カントの新稿の一つは「単なる理性の限界内における宗教」と題されていた。タイトルの与える印象は理性と宗教の論議のようだが、そんな装いのもとにプロシアにおける宗教政策を批判した。ヴェルナーはおりから隆盛をみていた薔薇十字結社の幹部だったが、うさんくさい宗教団体の暗躍に対して、シラーは『招霊妖術師』で糾弾した。レッシングの「人間性の教育」は、社会的迷妄の打破を訴えたものだった。カントの「単なる理性の限界内」も、その啓蒙的流れの中にあった。検閲局を忌避したのは、当然「不可」となることを予知していたからである。

べつの一つは「俗論をめぐって——理論では正しくとも実践には適さない」のタイトルだった。もとより表題からは何のことやらわからない。道徳論の体裁だが、狙いはあきらかにそうではなかった。フランスで実現途上にある宗教の自由を論じていた。レッシングが『賢者ナータン』という劇を通して訴えたところだ。カントが敬愛した宗教哲学者メンデルスゾーンは、弾圧にへこたれず人間の所有すべき自由の一つとして宗教をあげた。レッシングもメンデルスゾーンもすでに世を去っていた。カントが検閲を出し抜いて衣鉢を継いだことになる。宗教の自由は、おのずと市民権とかかわってきて、自由に生きる権利とも関係する。

当時、フランス革命は当初の盛り上がりから大きく変化していた。ルイ十六世の処刑、革命委員会、公安委員会の設立とつづき、血で血を洗う闘争のけはいをおびはじめ、ゲーテをはじめとして、ドイツの知識人のおおかたは革命支持から離れていった。

カントは自説を曲げなかった。たとえまわり道をしようとも、自由と平等を旗じるしに封建制打破をめざした運動は正しい。新しい子を生むための陣痛から、どうして目をそむけることがあろう――。

「もとより最初の試みは粗野で、凡庸《ぼんよう》で、なおかつ危険な状態と結びついている……だが人間にはみずからの試みを通して以外に理性の成熟は望めない……」

カントは「俗論」のタイトルに「理論では正しくとも実践には適さない」の一行を添えた。何をカモフラージュしてのことかわからないが、自分の著書の危険性を十分に意識してのことにちがいない。

反応はやや遅れてきた。一七九四年十月一日付で、ヴェルナーの名代によるカント宛の国王書簡のかたちをとり、王権ならびに聖書の軽視、王国に仕える義務の怠慢、青少年教導の任務の逸脱……根拠を並べた上で「国王の不快」を伝えてきた。容易ならざる事態だった。「国王の不快」は直ちに免職や年金停止に結びつく。これまで多くの有為の人が「不快」の一語で職を追われたり、約束されていた年金を剝奪《はくだつ》された。

ケーニヒスベルク大学教授職に、カントはさほど未練はなかっただろう。すでに七十歳である。「定年」のない職種であって、同僚に年長者が少なからずいたが、カント自身、授業で執筆がままならないことをこぼしていた。年金停止もまた、さして痛手ではない。有能なイギリス商人の友人が二代にわたり貯蓄を堅実に運用してくれて、国家が保障するよりも何倍もの年金が確保されている。

カントは心しずかに処置を待った。予期に反して、何も起こらなかった。ひろくヨーロッパにひろがっていたカントの名声が防御壁になったのだろうか？　何によって国王の「不快」が解消したのか不明だが、同じ九四年、ペテルブルク・アカデミーからカント教授を会員に推挙したい旨の問い合わせが来たとき、プロシア当局は祝福の応諾を伝えてきた。

十月十二日付のカントの手紙がのこされている。国王書簡に対する返答として送られたもので、カントはそこで二点について詫びをしるしている。一つは哲学を「悪用」して宗教を謗《そし》ったこと、もう一つは「国父の見解」に楯つく著書を出したこと。あわせて今後はその種の逸脱のない旨を誓約した。

カントには、ひたすら思索の塔にこもっていた哲学者のイメージがあるが、まるきりちがうことがわかるだろう。理不尽な権力や迷妄に対して果敢に闘ったし、その際、あざやかな戦術でもって成果を上げた。国王への詫びの文は官僚が見るだけだが、ひとたび公刊を見た書物はひろく読者の目にふれる。目的をとげさえすれば、圧倒的な力に対して膝を屈しても不名誉ではない。そもそも膝は、ときに折りまげるためにある。

一件落着のあと、ヴェルナーは「監督不行届」の咎《とが》で所轄部署の一つを召し上げられた。一介の哲学者が官僚ナンバーワンに一矢を報いたわけである。

『永遠平和のために』

一七九五年八月、ケーニヒスベルクの出版社ニコロヴィウスに、カント教授から申し出があった。原稿を一つ書き終えたので出版してもらえないか。話がまとまり、聖ミカエルの祝日の九月二十九日に刊行を見た。ずいぶん早いのは、小冊子にちかい薄っぺらな一冊であったからだ。だがそれは大きく世界に影響を及ぼした。いずれ国際連合のもとになり、日本国憲法における画期的な「第九条」の基本理念となった。

原稿には「永遠平和のために」のタイトルが付されていた。執筆を思い立ったの

は同じ年の三月のこと。世界史年表を開くと、一七九五年のところに「第三次ポーランド分割（分割完了）」とあるだろう。オーストリア、プロシア、ロシアの列強が三度にわたりポーランドを取り合って、第三次で完了、地図上からポーランドが消え失せた。プロシア国王フリードリヒ＝ヴィルヘルム二世が意気揚々とワルシャワから帰国したのに際して、カントは武力による領土の強奪に冷水をあびせかけるような批判の書を出した。

本文に入る前にカントは短いはしがきをつけている。「あるオランダの宿屋だったが、看板に『永遠のやすらぎ』亭とあって、わきに墓地の絵が描かれていた」

やすらぎは宿屋稼業の売り物であって、看板は墓地のような静けさを保証しますの意味だろう。とともに「永遠のやすらぎ」は墓石に彫り込まれる決まり文句である。平和を語ろうとすれば、おのずと戦争に言及しなくてはならず、戦争は多数の死者を生み出し、墓地をにぎわす。出だしの一行には言葉遊びに託して、皮肉な意味がこめられている。

つづいてカントは読者に問いかけるようにして述べている。この平和論は、はたして誰に向けて書かれたものか。「世の人々一般」か。それとも「のべつ戦争をしたがっている国の指導者」にあてたのか。あるいはまた「のんきな夢をみている哲学者のひとりごと」なのか。

本文は全二章から成り、二つの補説と二つの付録で補足するスタイルをとっている。そして全体にはラテン語で「哲学的草稿」と添えられている。

軽口風のはしがき、またラテン語の添え書きは、あきらかに検閲を意識してのことだろう。先手を打ってことわりをつけた。これは「のんきな夢をみている哲学者」のひとりごとであって、国家になんら害を及ぼすものではない。老練な政治家、実務肌の為政者には一笑に付されるのが関の山。「大胆不敵な説を出されても危険をかぎつけたりしないでもらいたい」。

入念にカモフラージュをほどこした上で、「大胆不敵な説」を提出した。

カントが生きた十八世紀の二〇年代からナポレオン戦争の始まる十九世紀初めまで、さまざまな戦争があり、しかもいずれも長々とつづけられた。

ロシア・トルコ戦争（三年）

オーストリア・トルコ戦争（二年）
イギリス・スペイン戦争（九年）
シュレジエン戦争（第一次・第二次）
七年戦争（オーストリア・フランス・スペイン・スウェーデン・ロシア対プロシア・イギリス）
ロシア・トルコ戦争（六年）
バイエルン継承戦争（二年）
ヴァルミーの戦い（フランス対プロシア・オーストリア連合軍）

戦争があいつぐと、当然のことながら軍備増強がつづき、高性能の大砲をはじめとして新しい武器がつぎつぎに登場してきた。「戦争産業」が大きくのびた時代であって、スイスなど外国から傭兵を調達して戦争国に貸しつける。ロスチャイルドといった金貸し業者が戦争資金を貸しつけ、のちの大金融業の基礎を築いた。

七十歳をこえた哲学者が哲学書ではなく平和論を書いた理由がわかるのではあるまいか。もはや手をこまねいてはいられない。国々の指導者、知識人、ものを考え

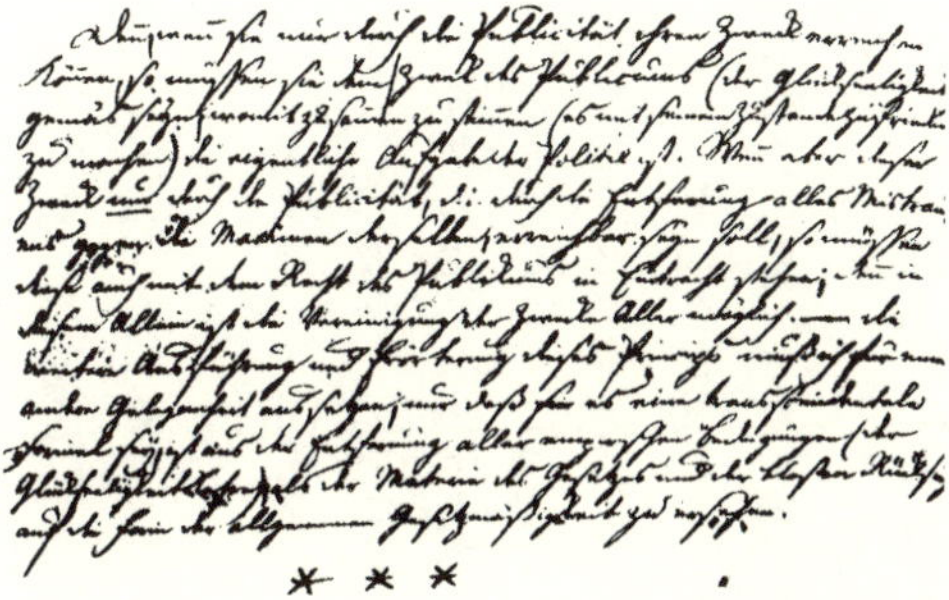

『永遠平和のために』のカントの原稿（1795年）

る人に問いかけた。どうすれば戦争のない社会をもたらすことができるか。問いかけるだけでなく私案を出した。自分の考えを述べた。この種のことは簡潔に訴えなくてはならない。世の人、とりわけ指導者はぶ厚い書物など読みたがらないのだ。おのずと『永遠平和のために』は、ちいさな、薄っぺらな、小冊子のかたちで本になった。

添え書きのいうとおり、全体は哲学的構成をとり、多くの哲学用語がまじえてある。だが、それらをときほぐし、平易な言葉にもどしていくと、カントの述べていることは明快だ。全二章のうちの第一章「国と国とが、どのようにして永遠の平和を生み出すか」のしょっぱなにすでに、はっきりと自説が打ち出してある。

「いかなる国も、よその国の体制や政治に、武力でもって干渉してはならない」

ポーランドをぶんどって、意気揚々ともどってきたプロシア国王と同様に、中東紛争に際してイラクに世界最強の軍隊を差し向けたアメリカ大統領にも通用する。

カントによると「戦争状態」とは、法的な効力をもって裁決する場がないために武力によって正義を主張するという「悲しむべき非常手段」にすぎない。この状態では、どちらが正義であると裁定されることはありえないのだ。ここには裁判官が存在せず、どちらが正義であるのか決定するのは「戦争の結果」でしかない。

たとえば「ある国に奪われた自由を回復させる」と述べながら、際限なく先にのばして、つまりは回復させないというやり方がある。難解な哲学的項目に分けて語られているが、どれも権力者に向けての「禁止すべき条項」というのにあたり、仮にくだいて「その一」「その二」と言いかえてもさしてかわりはない。カントは第一章の末尾で、このうちのいくつかは直ちに禁止を迫るべきとして、「その一」「その五」「その六」をあげ、のこりは事情によっては延期できるとした。『永遠平和のために』は理論書のつくりだが、きわめて具体的な提言をおびている。

「啓蒙の世紀」といわれる十八世紀を通じて、永遠の平和をめぐる議論がつづけられてきた。ライプニッツ、ヴォルテール、ルソー、いずれにも著書がある。カントも同じ系譜に入るのだろうが、その並外れた特徴は、二百年以上も前に生まれたものでありながら、おそろしく現代的だということだ。たとえばカントは「行動派を自称する政治家」について論じているが、実践を誇りつつ彼らが考えていることは「現在支配している権力に寄り添い」、そして「自分の利益を失わない」ことだけ。そのためには国民を犠牲にするのも厭わない。さらに彼らの信条は、つぎの三点にまとめられるという。

1　まず実行、そののちに正当化。
2　過ちとわかれば責任を転嫁《てんか》。
3　ライバル同士を離反させて支配。

直ちに身近なあの政治家、この政治屋が浮かんでくるだろう。カントは「のんきな夢をみている哲学者」を装いながら、おそろしくリアルに権力者をながめ、その典型をあざやかに書きとめた。いまさらながら知力のものすごさに脱帽せずにいられない。

第二章は「国家間の永遠平和のために、とりわけ必要なこと」。カントによれば、隣り合った人々が平和に暮らしているのは、人間にとって実は「自然な状態」ではない。敵意がむき出しというのではないが、いつも「敵意で脅かされている」のが自然な状態であって、だからこそ平和を根づかせるためにあらゆる努力をつづけなくてはならない。国同士がともに助け合って仲よくといった情緒的な平和論ではなく、この哲学者がいかに仮借なく国家というもの、また国家間のありようを見つめていたかがわかるのだ。

第二章の「その二」にいたって国家連合が顔を出す。

「国際法は自由な国家の連合にもとづくべきである」

「その三」は「世界市民法と友好の条件」とあって、はじめて「世界市民」の概念が語られた。カントが「永遠平和」のキーワードにした言葉であって、それは人間愛といったことではなく、権利として定置されるべきもの。離れた国同士が友好的な関係を維持し、ひいてはひろく法で結ばれ、人類がついに世界市民となることも可能なこと。カントは二百年あまりのちの情報化社会を見通したかのように、第二章の終わりに述べている。地上の民族にあって、すでに共同の意識はいきわたっており、地球上のどこかで生じた法の侵害は、どこであれひとしく感じとれる。だからこそ世界市民法の理念は、もはや空想や想像の産物でありえない。

「国法や国際法に記されていない法典を補足すれば、国家と民族の権利、公的な人権、ついては永遠の平和をもたらすはずのものになる。そのときはじめて人間は、永遠の平和に向けてたえざる努力をしていると語ることができるのだ」

ヨーロッパの辺境の小さな書店から出た小さな本は、一八八一年にドイツ・レクラム文庫に収められた。時代がこれを必要としたからである。まさにヨーロッパの列強が武力を競って帝国主義へと突入したときだった。

一九二五年、解説をかえて第二版が出た。第一次世界大戦後、共産主義者とナショナリストがツノ突き合い、あらゆる国の首都でデモと警官隊が衝突していたさなかのことだ。

ふたたび解説をかえて一九五四年に第三版が出た。共産主義圏に「鉄のカーテン」が下がり、世界中が冷戦状態に閉ざされていた。いかにこれが時代の節目ごとに求められてきたかがよくわかる。ちなみに最後の「付録」に付された最終一行は次のとおり。

「永遠平和は空虚な理念ではなく、われわれに課せられた使命である」

老いの深まり

旧ケーニヒスベルク大学文書のうち、一七九六／九七年冬学期講義要録には、哲学部教授イマヌエル・カントのところに、つぎの付記がついている。

「高齢並びに体調不良のため講義なし」

一七九七年夏学期では「高齢と衰弱のため講義なし」。つづく九七／九八年冬学期、「高齢と病のため講義なし」。

付記は当人が届けるきまりだった。いずれもカントが書いたものであって、評議会で審議され、要録で告知される。カント自身、ケーニヒスベルク大学評議員であって、評議会出席を義務づけられていたが、このころはすでに「カント教授欠席」が定例だったと思われる。

カント、七十二歳から七十四歳にかけてのことである。休講の二つの理由のうち、「高齢」はかわらないとして、もう一つに微妙な変化がみてとれる。「体調不良」→「衰弱」→「病」と変わった。その哲学書でつねに厳密な表現をこころがけた人であれば、自己診断においても厳正に伝えようとしただろう。頭と体が急速に衰えていく。講義はさほど好むところではなかったが、すでに生活の一部となっており、頭脳の体操と訓練を兼ね、つぎの著作の準備をしてくれた。ところが七十をこしてから、読書にも執筆にも熱がこもらない。集中度が持続しない。「体調不良」「衰弱」は、そんな状態を指していたのではあるまいか。やがて自分でも、あきらかな「ある兆し」がわかってきた。「病」としか言いようのない兆候である。

さしあたり日常は変わらなかった。講義がなくなったぶん、これまで以上に規則立っていた。五時前に起床。お茶を飲み、パイプタバコをたしなむ。仕事部屋に入り、読書と執筆。友人に訴えているところでは、気が散って執筆がはかどらない。午後一時から朝食兼昼食。たいてい友人二人を招いていた。午後三時ごろに終了。

そのあとお定まりの散歩に出かける。天気が悪いときは召使のランぺがつきそった。一時間あまりでもどり、夕食までは手紙を書いたり新聞を読んだり。就床は十時。カントの生涯で、ほぼ一貫してつづけられた生活の時間割である。

親しい友人の大半がすでに死んだか、あるいはこのころ、死があいついだ。一七九六年四月、テオドール・ゴットリープ・フォン・ヒッペル死去。東プロシア政庁の高官にして、より抜きの知識人であり、カントにとっては無二の友のグリーン亡きあと、もっとも信頼していた人物である。高官ヒッペルを通して本国政府の動向や、王国の最新情報に接していたし、無神論者にしてフランス革命の同調者カント教授がプロシア政府に睨《にら》まれるつど、ヒッペルが庇護役のつとめを果たしてきた。

まだ五十五歳だった。東プロシア論壇の論客である一方で、熱心なプロテスタントとして新教讃美歌の作者でもあった。教会や政体批判にわたり、無署名のパンフレットが出廻るたびに、ヒッペルの名がささやかれた。死後に判明したことだが、ケーニヒスベルクで発行されている雑誌、新聞のおおかたが、多かれ少なかれヒッペルが名目をつけて政府から引き出した資金の援助を受けていた。

ほかにも判明したことがある。たとえば独身者ヒッペルが奇妙な「性愛」の持ち主だったということ。それはマゾ的嗜好から、きわどい銅版画入りエロス本コレクションにも及んでいた。さらに大資産家でもあって、総額十四万ターレルの遺産をのこした。当時まれにみる巨額である。政庁のサラリー以外に、よほど「財務のうま味」を知っていてのことと思われる。

社会に力のあった人物が世を去ると、ひそかな敵であった勢力がいっせいに凱歌をあげて暴露ざたに走るものだ。ヒッペルのケースもそんな一つにちがいない。十八世紀の宮廷文化と様式に対して「ロココ」の名をあてたりするが、若い娘が甘い声を出すようなロ・コ・コのひびきが時代の特性をつたえていた。そこにはモーツアルトの音楽の雅《みや》びやかさと、モーツァルトが手紙などで愛用したスカトロジー（排泄物愛好趣味）とが並び立っている。哲学者ディドロは啓蒙哲学の一方でおシャレなエロ本を書いた。同じ馬車にヴォルテールとカザノヴァが乗り合わせていたかもしれない。ヒッペルもまたそんな時代の申し子であって、北方の辺境のロココ才子は謹厳な政府高官のかたわら、多彩な二面性を生きていた。

そんな友人のひそかな側面を、カントはどの程度まで知っていたのだろう？　昼食会やサロンの一の友であって、まるきり気づかなかったはずはない。

「早い死はとても残念だが、あとは諺《ことわざ》のいうとおり、死者は死者のもとにやすらわしめよ」

ヒッペルの死についてカントの口から出た唯一の言葉である。いっせいに暴露ざたに走る勢力に対しては沈黙をつらぬいた。

一七九七年の夏、解剖学者で外科医としても知られていたフリードリヒ・メッケルがケーニヒスベルクに滞在、著名な哲学者を表敬訪問した。他の客にまじり昼食会のあいだ、注意深く観察していたのだろう。

「精神力は大幅に低下しており、この哲学者が今後、新しく独自の哲学的議論を発表する可能性はきわめて乏しい」

カント自身が「体調不良」「衰弱」と診断したところに、専門家がお墨つきを与えたぐあいだ。しかし、そんな結論よりも、途中経過の報告が興味深い。「優雅な談話者カント先生」に、一見のところ老いは少しも認められない。言葉遊びや軽口が大好きで、よく笑うし、斜めにかしいだカツラを、給仕役の召使が通りすがりにのせ直したりする。「哲学的話題にはほとんど入らなかった」。

それもこれまでと同じで、カントは信頼する二、三人の友人のほかは、ついぞ哲学的テーマを議論のタネにしなかった。「自然科学のことが少し、そのあと人物をめぐる話題」。

フィヒテが口にされたとき、カントは厳しく批判した。「人の親切を足蹴《あしげ》にする」とも述べた。フィヒテは職を求めてケーニヒスベルクに来たとき、カント教授の推輓《すいばん》を受け、論文出版の口ききをしてもらった。本国ドイツの新進論客としてめきめきと売り出したのち、カント哲学批判の側に立って筆をふるっている。

外科医が注目したのはカントのフィヒテ批判ではなく、批判を口にするときの言い方であったようだ。同じセリフが何度も出てくる。批判というよりも、かつて恩を与えた者のくり言であって、精神力の低下とともに歴然とあらわれるおなじみの兆候だ。

「つづいてあれこれの話題」。朝のお茶の効用、パイプタバコと健康のこと、ワインの適量について。つねにサロンで談話が及ぶところだろう。その点に変わったことはないが、カント先生がとめどなく自分のたしなみを披露して、それが唯一正しいお茶の飲み方、パイプタバコとワインの適量である旨を主張する点はどうだろう？　本来の「優雅な談話者」なら、自分のやり方が唯一正しいような語法は決してとらないのではあるまいか。

もっとも話題が「熱をおびた」のは政治に及んだときだったという。イギリス、ロシア、フランスのこと。当然のことながらプロシアの政治には立ち入らない。フランス革命が混迷を深め、ナポレオンのエジプト遠征の始まる直前にあたる。革命に失望の意見が多数派のなかで、カントが強力な同調者を買って出る。目下の混迷が何であろうか。たえずカントがとってきた立場だが、多少ともズレた時局判断に加えて、大げさな革命讃美が外科医には気になったようだ。ここでも同じ言いまわしがくり返しあらわれる。表面上はめだった変化はないにしても、注意深い目には老いの深まりが手にとるように見えたのだろう。そこから精神力の大幅な低下が診断された。

ドイツの大学法では教授職に定年はなく、当人が申し出るかぎり、どれほど高齢でも講義ができた。評議員になれば、その特権は退職するか死去するまで保障されている。カントが付記をつけて休講に入った時期だが、神学科のレカルト教授も同じ状況で、「体調不良」「衰弱」につき休講、評議会も欠席。教授の休講に対しては講師によって補いがつくが、評議会は定員が定まっていて、欠席の常習者がいても穴埋めができない。学部長、学長のポストをはじめ、大学運営は評議員のもとにあり、欠席者の分は誰かが肩がわりをしなくてはならない。

そんな責任の代償に、評議員には特別手当がついていた。俸給に加えて「冬の燃料代」といった生活手当にも加算があった。務めを果たさないで手当だけ享受するのはいかがなものか。一七九八年になって評議員のうちの若手から、そんな疑義が出された。高齢の欠席常習者二名を指してのことはあきらかである。復帰の見込みがないのなら評議員ポストを返上して、後輩にゆずるべきの意味もこめられていた。

事務局はケーニヒスベルク大学評議会の案件を本国に送付した。大学人事は国王の決裁事項であって、そのときの文書がのこされている。国王が直々に裁定したのかどうかは不明だが、国王決裁のサインはついている。「両教授がドイツ・アカデミーに名誉をもたらした業績」にかんがみ、評議員特権は以後も保障されるというのである。

文書は直接的には述べていないが、「以後も」には含みがあった。わざわざ案件にせずとも時が解決する。高齢者はさして「以後」を長引かせないものであるからだ。

ちなみにレカルト教授は同年秋に死去した。カント教授は以後も三年間、評議員でありつづけた。

「遺作」の前後

哲学の世界ではカントの『オプス・ポストムム（遺作）』といった言い方をする。晩年に書きつづったもので、自分ではまとめきれず、ながらく本にもならなかった。膨大な遺稿の束として残された。

草稿とされるのは一七九六年以後のもので、ときにカント、七十二歳。すでに「高齢並びに体調不良のため講義なし」と大学当局に届けていた。学部長の職務がまわってきたが、自称「廃人同然」を根拠にして免れた。雑務から解放されて、念願の「主著」にとりくんだ。

翌九七年十一月、プロシア国王フリードリヒ＝ヴィルヘルム二世が死んだ。啓蒙主義を推しすすめて「大王」と称された先の王とちがうところを見せようとしたのか、フリードリヒ＝ヴィルヘルム二世は「薔薇十字結社」といった怪しげな宗教団体を重用して、リーダーのヴェルナーを宗教審問委員会の委員長にとり立てた。後継のフリードリヒ＝ヴィルヘルム三世は「大王にもどる」ことを標榜《ひょうぼう》して宗教審問委員会を廃止、ヴェルナーは「年金なしの退職」に追いやられた。事実上のクビである。

もっとも、三世国王の功績にあげられるのはこのことぐらいで、以後の四十三年間に及ぶ統治にあって、めだったことは何一つしていない。思いつきを布告しては、すぐに撤回のくり返しで、政治的ヴィジョンもなければ決断力もない。大臣の一人だったシュタイン公が嘆いたとおり、プロシアは長々と「怠惰で凡庸で情熱のない男」を国王にいただかなくてはならなかった。

ただカントには国王の交代はありがたいことだった。もはや政治に介入してくる宗教的ペテン師たちの監視を恐れなくてもいい。それまで出版禁止になっていた論文をあいついで公刊した。「哲学における永遠の平和のために」「学部の争い」「書物をつくることをめぐるニコライへの手紙」……。カントの批判哲学への批判的啓蒙派グループに対する反論を兼ねていた。

おおかたは講義ノートからまとめたものである。ドイツ語には「ビュンデル・シュニュレン（包みを紐《ひも》で結ぶ）」という言い方があって、「旅支度をする」「荷物をまとめて出ていく」の意味に用いられるが、カントはあきらかに、人生の旅の終わりの支度を始めていた。旧来の束を整理するかたわら、もっとも大きな「包み」の紐に手をつけた。正確にはわからないが、一七九八年から死の前年の一八〇三年まで、「体調不良」のあいまをぬって執筆につとめたと思われる。

カントは哲学仲間への手紙のなかで、「現在とりかかっている仕事」はこれまでの批判的著作の完結にあたり、残されている「間隙《かんげき》」を満たすものだと述べている。べつの人には、これこそ自分の主著であって、「全教説のかなめ石」となるはずだとも語っている。それだけの意気込みをこめてプランを立てたのではなかろうか。

だが、タイトルがいつまでも決まらない。仮題がメモとしてしるされている。「形而上学から物理学への移行」「自然哲学より物理学への移行」「物質的自然哲学から物理学への移行」。共通する「物理学への移行」によって一定の方向性は見てとれるが、論拠の出所が揺れ動いている。メモによると、一定の方向性とかかわりのないタイトルを考えたふしもあり、そのときは「理念の体系における経験哲学の最終的立場」などを想定していた。

タイトルが決まらなかったのは、考えがさまざまにひろがって論点が定まらなかったせいにちがいない。「主著」がいかなる「間隙」を満たし、どのような「かなめ石」の役割を果たすべきか、カント自身にも見通しが立たない。迷いのなかで考えを書きとめるためだろう、ノートではなく二つ折りや四つ折りの紙片をルーズリーフ式に用いた。これだとべつの紙片を自由に挿みこめる。一定の量になったのを、大きな包装紙につつみこんだ。いつのころ番号を振ったのかはわからないが、13までのナンバーのついた束として残されていた。研究者の調査によると、番号順にできたというのではなく、草案にあたるものは一七九六年ごろにさかのぼり、それはなぜか「束4」に入れられていた。

写真で見るかぎり、書き文字のゴッタ煮である。ペンの太さ、インクの濃淡がちがうのは、思いつくつど書き加えていったからだろう。カントの草稿におよそなかったことだが、あちこちにインクのしみや手のあとがついている。消去した横に加筆したものがあって、代わりに入るようにも思えるが、必ずしもそうとかぎらない。というのは、一連の思考の部分が消され、翌日の料理メニューが書き添えてあったりするからだ。

メモ、書きさし、断片の巨大な束であって、紙片自体は千三百枚をこえる。いかにこれが解読するのに厄介であったか。ともかくも活字におこされたのは、カントの死後八十年ばかりのちのことである。百三十年あまりたった一九三六年、三年がかりで一字一句あまさず収録したものが千百数十ページの二巻本として公刊された。

カント学者には頭の痛いことだろう。当人が「主著」と名づけた著作を見すごしにするわけにいかない。といってどのような解釈のもとに何を読みとり、いかなる展開をあとづければいいのであるか、途方にくれる。

「物理学への移行」という方向性を手がかりに、自然科学の形而上学的原理、諸運動力の体系、空間の知覚と、それをもたらす根源的な媒体をたどるとしよう。ところが、これまでのカント哲学になかった「宇宙を満《しりぞ》たすエーテル」や「熱物質」が言及される。それが作用して引き起こす引力や斥ける力と関連づけて物質の生成消滅、光、磁気、電気などの現象が説かれたりする。新しい認識論的演繹法《えんえきほう》が構想されているのだろうか。

「熱物質」といった用語は、十八世紀末の物理学や化学の影響とする人もいる。同時代の熱力学の発見がはたらいていて、それは物質一般の運動に密度や結合を促し、溶解と伸長をもたらすだろう。いかにもカントの遺稿には「根源的流動」「力学的必然性」といった言葉がくり返しあらわれる。

解釈の迷路に迷いこむより先に、シロウトにもはっきりわかることがある。膨大なノートや断片の大半が、くり返しであるということだ。研究者の分類によると、「束2」から「束6」、「束8」から「束9」、「束12」から「束13」は、内容的にはほぼ同じ考察がくり返し展開されている。自然科学における純粋運動論と応用運動論、物質の問題の諸相、自然認識の形式と、自然科学の形而上学的原理解明の試み、物質一般の諸運動力についての考察、そこにエーテルという流動状態と、熱物質という根源的要素が導入された……。

意図はどうあれ、さまざまな部分はさまざまな書物から派生したものであって、論点が分岐するにつれメモがふえ、断片がつみかさなり、とともに論点がズレていき、おのずと同じメモがふえ、同種の断片がかさなり際限のないくり返しのなかで、無数の紙片が束をつくっていく。カント自身も、それが何かに収束する見通しが立たず、同じ素材を十度、二十度とくり返すしかなかったのだろう。アカデミー版カント全集の編集委員が『オプス・ポストムム』を全集に収録するにあたり、「遺稿の内容を忠実に一字一句あまさず収録」という編集方針を立てたのは、ほかに編纂《へんさん》の方法がなかったからではあるまいか。カントのプランをうかがうためには、五分の一でたりるという人もいる。千三百余ページが一挙に二百六十ページにちぢむわけだ。

伝記作者が書いているが、「かなめの石」にとりかかったころより、心身の衰えがめだち始めていた。カント自身、食べられる、歩ける、不眠に悩まされないの三項を健康の定義にしていたが、いずれも最少の単位に陥っていた。食事は昼食の一度きり、最短コースの散歩、四時間の睡眠が終わると、二度と訪れてくれない眠り。

ベルリンを中心に、新しい哲学の息吹が始まっていた。フィヒテが批判哲学の批判を書いた。ヘルダーが『純粋理性批判へのメタ批判』を発表した。シェリングが『認識論的観念論の体系』を公刊。ヘーゲルが『フィヒテとシェリングの哲学体系の相違』を論文にしてデビューした。カントより四十六歳年少の少壮哲学者は『精神現象学』の準備中だった。新興のベルリン大学が活気づいていたのと対蹠的に、由緒あるケーニヒスベルク大学は沈滞に向かっていた。辺境のハンザ都市めざして学生がやってくることも、ほとんどなくなった。

カントにとって致命的だったのは、よき対話相手を欠いていたことだろう。『純粋理性批判』と『実践理性批判』が形をとるころには、生涯の友人グリーンがいた。思慮深いイギリス商人が先立ってのちは、ヒッペルという明敏な若手官僚が昼食の相手をしてくれた。二十ちかくも年少のヒッペルが先に逝って以後、カントは対話相手を持たなかった。老いの衰えとつばぜり合いをするように執筆に励んでも、それはとめどないくり返しに陥っていくしかない。

一八〇一年、カントはケーニヒスベルクの大学評議員を辞した。講義をしなくなって五年になる。その身で俸給はもとより「冬期の燃料代」にも特別の加算のつく評議員特権を享受しつづけるのはいかがなものか。暗黙の了解のもとに、七十七歳の老教授がポスト返上を迫られたらしいのだ。

死を待つ

晩年のカントにはヴァシアンスキーという年若い友人がいて、何かにつけて面倒をみた。そのため、死の前の数年にわたり、ことこまかにわかっている。

一八〇〇年、弟が死んだ。十一歳年少であって、カントには弟に先立たれたのがショックだった。そのころから、しきりに死を口にするようになった。自分は死を恐れない。むしろひそかに待ち望んでいる。ベッドにつくとき、これが最後の夜であって、新しい目覚めのないことを祈っている。いま神から生か死かを選べと言われたら、躊躇《ちゅうちょ》なく死を選ぶだろう――。

老衰が始まっていた。誰にも老いとともに生じることだが、ただカントの場合、身心のうちの「心」の変調が先にきた。身体を置いてけぼりにして精神が昏迷《こんめい》をみせ始めた。あれほど思考力を誇った人が、しだいに思考から見放されていく。もしカント晩年の悲劇というなら、身心のアンバランスから生じた皮肉な現象をいうだろう。

訪ねてきた人に同じ話を、同じ言葉でくり返すようになった。はじめは自分でも気がついて謝ったり言いつくろった。そのうち「記憶帳」と名づけたものを用意した。紙を小さく切って束にしておき、話のあいまに自分の話したことをメモしておく。話したことの確認であって、そうすればくり返すことはない。そのはずだが老いの衰えは無情であって、そんな小細工を容赦しない。やがてつい今のことが思い出せなくなり、つづいて「記憶帳」そのものが記憶から脱落した。

早朝五時前の起床はかわらないが、起き出して椅子にすわり、ひたすらボンヤリしている。散歩コースが短くなった。おりおり友人がそっとうしろについて見守った。道をまちがって、もどって来られなくなるのを恐れてのこと。また金銭単位の判別がつかなくなって、買い物ができなくなった。

ときに奇妙な「理論」を言い張ったりする。猫が死んだと聞くと「電気のせい」であって、猫は電動性の生き物だという。日によって頭が重いと「電気のせい」。食がすすまないと「電気のせい」。すべてが電気に帰着する。二十代の青年が死んだと知ると、カントは真顔で問い直した。「彼は毎晩、ビールを飲んでいたでしょう?」。

それがいけない。病床にいる知人について断定した。「ビールを断てなかったのが原因です」。

カントによると、ビールはゆっくり進行する毒素だった。大まじめに見解を述べて、きめつける。ヴァシアンスキーは書きとめている。「偉大な頭脳が、いまやいっさいの思考から見捨てられた」。

一八〇一年、カント、七十七歳。すべての財産をヴァシアンスキーの管理にゆだね、あわせて遺言書を作成した。最後のページには「ケーニヒスベルク、一八〇一年十二月十四日、イマヌエル・カント」の署名に印がそえられている。おなじみの美しい、流麗な書体だが、印はインクがボタリと落ちたぐあいに黒いしみをつくっている。

カントの財産は二万ターレルを数えた。当時、一介の大学教授には例外的な額であって、貯金に加えて慎重に運用してきたことをうかがわせた。

誠実な友人に管理がうつされ、なんらかの気配を察したのかもしれない。召使ランペの勤めぶりが変化した。弱い主人を見すかして用を怠ける。昼間から酒を飲んでいる。注意されると、しばらくはおとなしいが、すぐに元にもどる。手助けをするふりをして主人をつねったり、わざと転がしたりした。一八〇二年一月、カントはヴァシアンスキーに訴えた。

「ランペが手荒いことをする。くわしくは恥ずかしくて、とても言えない」

ランペは解雇された。四十年間の勤務に対する年金は支払うが、当人ならびに近親者が決して元の主人を煩わさないという条件つきだった。

新しい召使をカントはかわらず「ランペ」と呼びつづけた。のこされている「記憶帳」には、「ランペの名は忘れなくては」とあって、新しい召使の名前を覚えるつもりでいたのだろう。それとも自分では新しく覚えた名前を口にしているつもりだったのかもしれない。召使の仕事は主人をよく知ることから始まるもので、新しい召使は他人の名で呼ばれても、如才《じよさい》なく応じていたらしい。

もともと痩身《そうしん》だったのが、みるからに筋ばってきた。尻の肉が落ちて、すわると痛い。

「わが筋肉的実体がかぎりなく極小に近づいたと判定できる」

はじめはまだそんな軽口のタネにしていたが、冗談ごとではなくなった。歩行が困難になり、カントの一生につねにつきそってきた散歩もとだえがち。一八〇三年、庭に出るのが唯一の外出になった。それも召使が赤子のようにして抱き上げていく。

歯が抜け落ちて、水を飲もうとすると口からこぼれた。ややもするとヨダレが垂れる。嗅覚につづいて味覚が失せて、いっさい食欲がわかない。

わずかにのこったよろこびの一つが、庭にくる小鳥だった。ウグイスの仲間のハッコウチョウという渡り鳥が春になるとやってきて、庭いっぱいにさえずってくれる。ある年、訪れが遅れたとき、カントはわざわざ南方の気候ぐあいを調べたりした。

一八〇三年は春が盛りだというのに、ハッコウチョウは姿を見せない。

「小鳥がこない、小鳥がこない」

庭先で毎日、ダダをこねる子供のように呟いていた。

小鳥のかわりに見知らぬ人間がやってくる。ある女が部屋に入りこみ、何やら物色しているのでカントが声をかけたところ、いま何時かとたずねてきた。カントが懐中時計をかざして答えると、礼をいって出て行ったが、すぐにもどってきた。たしかめたいので、時計を手に取らせてくれという。のちにヴァシアンスキーが経過を書きとめたのだろう。メモによると、女が時計をさらっていこうとする、カントが抵抗する、女がカントにつかみかかる、老人の剣幕に女が逃げて、時計は辛うじて守られた。その長い生涯にあって、およそ女性と縁のなかった哲学者である。ヴァシアンスキーはメモをとりながら、つい冗談をまじえたい気分にさそわれたらしい。終わりに書きそえている。「この齢にして、はじめてカントは熱っぽく女ともみ合った」。

カントには六歳若い妹がいた。兄の状態を知らされ、半年ちかく看護した。「やさしく、我慢づよく、よく気のつく老女」だったとヴァシアンスキーは伝えている。また、こうも述べている。「カントはほとんど、それが誰だかわかっていなかった」。

一八〇三年十月、カントは意識を失って、床に倒れた。ベッドで意識をとりもどし、医者の問診に答えようとするが、ひとことも出てこない。言葉にならない音が洩れるだけ。数日して話せるようになったが、ほんの数語でつかえてしまう。「理性の大半がもはや失われた」と友人が報告している。

十二月には自分の名前が書けなくなった。昼間はうずくまるようにして椅子にすわっている。ヴァシアンスキーは「露命《ろめい》をつなぐ」の意味のドイツ語をあてている。ただ生きているだけ。ベルリンから見舞いにやってきて、頑強にせがみ、やっと面会を許された人が手紙に述べている。会うには会えたが、カントという小さな「袋」があっただけで、人そのものはいなかった。

生涯の友人の一人であるヤッハマンが一八〇三年の暮れに訪ねたとき、カントは召使にかかえられて部屋をゆっくり歩いていた。友人の見分けはおろか、姿そのものが見えないようで、自分の前の黒いものは何であるか召使にたずねた。何度となくたずね、ヤッハマンが手を差しのべると、やっと何かがわかったようで、ビクッと全身をわななかせた。

一八〇四年一月、食事がとれなくなった。どんなにやわらかく煮ても、喉をこさない。声を出すが誰にもわからない。たまに理解できる言葉を口にしても関連がつかめない。早くに床についても眠りは訪れず、目をあけ、ひたすら天井をながめている。目を閉じると、悪夢にみまわれたような声を立てた。

そんなさなかのある日、自分はまだ「人間性の感情を失いつくしていない」とはっきり述べて医者を驚かせた。医者が応じて答えたところ、つぎの瞬間には、元どおり言葉にならない声にもどっていた。

同年二月十一日、カント最後の言葉「エス・イスト・グート」をヴァシアンスキーが書きとめた。「いいだろう」「よきかな」といった意味であって、この世を肯定し、みずからの仕事に満足を述べたといったふうに解釈されている。

ただ、どのような状況で口から出たかを考えると、意味がちがってくる。食事のとれないカントのために、ヴァシアンスキーはワインと水をまぜた飲み物を口元に運んでいた。一さじ、二さじ。三さじめで、右の言葉が洩れた。あきらかに「もう十分」「もういい」であって、ヴァシアンスキーはさじをもどした。

かりに拡大して意味解きをするとすれば、一つだけできる。生きているのは「もう十分」「もういい」であって、誰よりも当のカントが待ち望んでいる死の到来をうながした。

翌十二日のお昼前、カント、死去。いかなる苦しみもなく、まるで機械の停止に似て、すべて動きがなくなり、「メカニズムがハタと止まり、つづいて深い静寂」。いかにも身近で見つづけてきた人の、もっとも正確で哀惜《あいせき》をこめた死の報告というものである。

あとがき

カントをめぐる小さな本ができた。自分でも不思議な気がする。十年ばかり前は、私自身、「はじめに」に述べたとおりだった。哲学者カントはただ名前だけ、それ以上は知らず、また知りたいとも思わなかった。

二〇〇七年にイマヌエル・カント『永遠平和のために』（池内紀訳・集英社）が出た。本文百二十ページだが、その半分ちかくは三人の写真家による世界の人々と風景の映像が占めている。帯にキャッチコピーがついている。

〃16歳からの平和論

このちいさな本から「国連」や「憲法第9条」の理念が生まれた〃

そこの解説に、訳本にいたるまでの経過を書いている。敬愛する編集者が、長い編集者生活を終えるにあたり、どうしても実現したい最後の仕事として望んだことだった。カントの平和論は二〇〇年後の今も、少しも古びていない。ただ既訳《きやく》はすべて哲学畑の人の手になり、残念ながら非常に読みにくい。これを「高校生にも読める」日本語で訳してもらえないか。

たしか二〇〇五年のことで、うっかり承諾したばかりに悪戦苦闘が始まった。なにしろ哲学用語を含め学問的表現はいっさい借りず、ごく平易な言葉に託して、それも解説的補助語は一語たりとも借りないで、その上でカントがとくに語りたかったメッセージを、ひときわ強く印象づけるかたちにしようというのだ。ごく薄っぺらなレクラム文庫版に二年ちかくかけて、とにかく仕上げると、その編集者が懇意《こんい》な写真家に声をかけ、絵文字の助けをしてもらった。

翻訳するためには当然のことながら、作者をよく知らなくてはならない。私はそれまでカフカやゲーテ『ファウスト』の新訳をした。その際、併せて『カフカの生涯』『ゲーテさんこんばんは』を書いた。一方は本格的な評伝、他方は伝記風のエッセイである。カントの場合も、よく本を読み、メモをつくり、生地ケーニヒスベルクを訪ね、写真をとった。ただ書く場がないまま、訳本の実現とともにカントとのかかわりは終わりをみた。

四年たって、何かのテーマで連載の話がもち上がったとき、そのことを話したところ、はからずもカント先生が甦《よみがえ》った。ゆるやかに伝記的事項をたどりながら、関心の赴《おもむ》くところにしぼっていく。読み返して気づいたが、哲学書三部作をめぐっては、かぎりなく少なく、「老いの始まり」以下の老後が全体の三分の一を占めている。人間理性の極北のような人が、どのような老いを迎え、どう対処したか。

「わたしを子供と思ってください」

記憶に見放される寸前に、カントのとった方法が痛ましい。そんな「子供」にも、老いはなお容赦なく襲いかかった。大きな運命と、そのなかで見出した小さな自由——人間のドラマをせんじつめると、そのようなことになると、つねづね私は思っている。カントの生きた時代には、ほとんどすべての人に一日の日課が整然と定まっており、曜日によって食卓の品目から玉子の数まで決まっていた。「小さな自由」がどれほど貴重であって、そのなかで辺境の一哲学者がどのように生き、いかなる業績を後世にのこしたか。まがりなりにもそのことだけは、十分に書き上げたと考えている。

くだくだしく参考文献はあげていないが、もしカントに興味がわいたら、しかるべき著書にあたってほしい。

初出は月刊誌『潮』、二〇一一年一月号〜一二年六月号。一冊にまとめるにあたり、構成を改め、修正、加筆をほどこした。連載中、また本にするに際して、潮出版社出版部の川原文敏さんに、いろいろとお世話になった。感謝をこめて、ここにしるしておく。

二〇一三年五月

池内　紀

文庫版あとがき

未知の国を知るのは楽しい。同じように未知の人を知るのも楽しいものだ。哲学者カントは私には、ながらく未知の人だった。ひょんなことから、そのカントの平和論を訳すことになり、にわか勉強を始めた。パンフレットのように薄い小さな本だが、中身はとても新鮮だった。二〇〇年以上も前の永遠平和をめぐる論議が、どうして少しも古びていないのか、そのことにあらためて目を丸くした。

たとえ小さな本でも、正しく理解して日本語に移すには、ほかの著書にもあたっておかなくてはならない。にわか勉強では、難解な哲学書は手に負えないが、ただもとのドイツ語で読むと、わからないなりに明晰な思考と文でつづられていることはよくわかった。

未知の人をよく知るためには、その人の生きた土地を知ることも必要だ。地球の裏側の、カントが生涯を送った辺境を訪ね、街をよく歩いた。すっかり変わってしまっていたが、旅行者の嗅覚で痕跡は少し嗅ぎ取った。

そんなわけで、ささやかな仕事のはずが、二年がかりの事態になった。はじめはボンヤリしていた二つのレンズが、いつしか一つに合わさってはっきり見える、そんな気がしてきた。翻訳を仕上げたとき、なぜかカントではなく「カント先生」と言う癖が身についていた。

しばらくしてカント先生の評伝にとりかかったとき、自分でも不思議なほどすらすらと書けていった。無謀な試みのようだったが、知的好奇心の点でいうと、ごく幸福なケースだったのではあるまいか。

思いがけない理由からにせよ、カント先生にめぐりあえてとてもよかったと考えている。ほんとうの賢者とは、このような人を言うのだろう。老いてから、沁みるような孤独のなかで、自分の思考力、また記憶力が細っていくのを、正確に計っていたふしがある。カント先生の頭脳にしても、老いの衰えは、どうしようもないのだった。

本が出て三年になる。このたび潮文庫に収録されるはこびになった。訳本の『永遠平和のために』（集英社）とともに若い人の手にとどくことを念じていたので、文庫になるのがとてもうれしい。潮出版社の西田信男氏のお世話による。ここに感謝を記しておく。

二〇一六年五月

池内　紀

本書は二〇一三年六月に小社より刊行された単行本を文庫化したものです。

カント先生の散歩

潮文庫　い－1

2016年　7月20日　初版発行
2016年　8月14日　2刷発行

著　者　池内　紀
発行者　南　晋三
発行所　株式会社潮出版社
〒102-8110
東京都千代田区一番町6　一番町SQUARE
電　話　03-3230-0781（編集）
03-3230-0741（営業）
振替口座　00150-5-61090
印刷・製本　中央精版印刷株式会社
デザイン　多田和博

ISBN978-4-267-02055-1 C0195

潮文庫　好評既刊

ぼくはこう生きている 君はどうか　鶴見俊輔・重松清

戦後思想界を代表する哲学者から、当代随一の人気を誇る小説家に託された、この国に生きるすべての人に贈るラスト・メッセージ。

花森安治の青春　馬場マコト

連続テレビ小説「とと姉ちゃん」のヒロイン・大橋鎮子とともに「暮しの手帖」を国民的雑誌に押し上げた名物編集長の知られざる青春時代に迫るノンフィクション。

カント先生の散歩　池内 紀

『実践理性批判』でくじけた貴方に朗報！　あの難解な哲学をつくったカント先生は、こんなに面白い人だった⁉名文家が描く伝記風エッセイ。

見えない鎖　鏑木 蓮

切なすぎて涙がとまらない…！　失踪した母、殺害された父。そこから悲しみの連鎖が始まった。乱歩賞作家が放つ、人間の業と再生を描いた純文学ミステリー。